Bedrohte Tiere

Unzählige Tierarten auf unserer Erde sind vom Aussterben bedroht. Die Gründe dafür sind vielfältig, doch schuld ist meistens der Mensch. Ständig kommt es vor, dass Tierarten auf unserer Erde für immer ausgerottet werden. Deshalb müssen wir alles dafür tun, um dies zu verhindern.

Mit Frank Elstner und Christian Ehrlich, die dieses Buch geschrieben haben, machte ich viele Reisen rund um die Welt, um Artenschützer zu besuchen. Diese setzen sich auf allen Kontinenten für die Rettung bedrohter Tiere ein und kämpfen dafür, dass selten gewordene Arten nicht aussterben. Und ich sage Dir: Dieser Kampf ist wirklich wichtig und spannend! Du siehst: Zum einen ist der Mensch die größte Bedrohung für viele Tierarten, zum anderen ist er aber auch oft ihre letzte Chance.

Ich selbst hatte das große Glück, während meiner Zeit als Zoologischer Direktor in einem Zoo auf Teneriffa fünf kleine Spix-Aras von Hand aufzuziehen, um die Art irgendwann wieder in ihrem natürlichen Lebensraum auszuwildern. Mehr über dieses spannende Projekt kannst Du ab Seite 58 erfahren. Ob es klappen wird, wissen wir heute noch nicht, und es wird sicherlich ein langer und schwieriger Weg. Du musst Dir das vorstellen: Wir versuchen, eine in der Natur ausgestorbene Tierart wieder zurück in ihren ursprünglichen Lebensraum zu bringen! Und das ist nur eine von vielen Tierarten, um die derzeit so gekämpft wird. Besser ist es, wenn man die Tiere schützt, die noch in der Natur vorhanden sind, und alles daran setzt, dass diese nicht aussterben. Deshalb brauchen wir Artenschützer auf der ganzen Welt – überall dort, wo es bedrohte Arten gibt.

Einen der von mir aufgezogenen Spix-Aras konnten wir 2010 in sein Heimatland Brasilien bringen - zehn Jahre, nachdem die Art dort in freier Natur ausgestorben war. Das war der Startschuss für unsere Fernseh-Serie „Elstners Reisen“. Auf unseren abenteuerlichen Expeditionen haben wir auf fast allen Kontinenten viele Beispiele kennengelernt, bei denen Menschen für die letzten Exemplare einer Art und deren Überleben kämpfen. Wir filmten bei Artenschützern, die sich zum Beispiel um Orang-Utans, Koalas, Tasmanische Teufel, Elefanten, Braunbären, Waldrappe, Geier, Wölfe, Nashörner und Haie kümmern. Es gibt so viele Arten, die heute bedroht sind, und damit unzählig viele Aufgaben für die Artenschützer.

Frank Elstner und Christian Ehrlich können Dir also in diesem Buch „aus erster Hand“ berichten, wie man versucht, bedrohte Tiere zu retten. Bei unseren Reisen rund um die Welt sind wir echte Freunde geworden. Wir wollen mit unseren Filmen und Büchern aufzeigen, dass es lohnt, sich für bedrohte Tierarten einzusetzen. Denn Artenschutz ist cool und sollte jedem Menschen ein wichtiges Anliegen sein.

Mit diesem Buch wollen Frank Elstner und Christian Ehrlich nicht nur über viele bedrohte Tierarten berichten, sondern Dir auch zeigen, was Du selbst dazu beitragen kannst, dass nicht noch mehr Tierarten von unserem Planeten verschwinden. Begleite sie in die Welt der bedrohten Tiere und werde selbst zum engagierten Artenschützer!

Prof. Dr. Matthias Reinschmidt
Zoodirektor Karlsruhe

ISBN: 978-3-86659-413-5 2. Auflage 2022

An der Kleimannbrücke 39/41
48157 Münster
Tel.: 0251-13339-0, Fax: 0251-13339-33
E-Mail: verlag@ms-verlag.de

Home: www.ms-verlag.de
Geschäftsführung: Matthias Schmidt
Layout: Michael Kolmogortsev
Lektorat u. Bildredaktion: Kriton Kunz
Druck: Drusala, Frýdek-Místek

Titelbild: Philippinenadler, Tiger, Oryxantilope, Quokka und Schuppentier sind allesamt bedroht (shutterstock: Edwin Verin | jeep2499 | SeraphP | S.Rohrlach | Moolkum)
Rückseite: Auch die Bestände von Berggorilla, Koala und Schneeeule sind drastisch zurückgegangen (shutterstock: Onyx9 | Yatra | FotoRequest)
Vorsatz: Orang-Utans sind in ihrem Bestand stark gefährdet (shutterstock: meunierd); Gruppenbild: C. Ehrlich (l), F. Elstner (m), M. Reinschmidt (r) | (DOCMA TV/C. Ehrlich)
Seite 1: Der Leopard ist eine gefährdete Tierart (shutterstock: Iakov Filimonov)

shutterstock
S.2/3: Katiekk
S.3/4: Ivan Sarenas
S. 6/7: Ulrich Mueller
S.6: oben: xpixel
S.6: Carl Allen
S.7: science photo
S.8 links: asharkyu
S.8 oben: Marcel Jancovic
S.9: Eric Isselee
S.10 oben: kamomeen
S.10 unten: Herschel Hoffmeyer
S.10/11: Herschel Hoffmeyer
S.11 oben: tsuneomp
S.11 Mitte: Digital Storm
S.12 oben: AlekseyKarpenko
S.12 mitte: prapass
S.12 unten: FotoRequest
S.12 rechts: Eric Isselee
S.13 oben: Jacques VANNI
S.13 unten: volkova natalia
S.14 oben: Art_man
S.14 mitte: Allocricetulus
S.14 unten: Hintau Aliaksei
S.15: Anton Kozyrev
S.16: Marek R. Swadzba
S.16 links: Lolatta
S.18/19: Richard Whitcombe
S. 18 oben: Rich Carey
S.19 links: Pedarilhos
S.19 Mitte: nelzajamal
S.19 rechts: sharif arsad
S.20/21: Mohamen Abdulraheem
S.20: Rich Carey
S.23 oben: Geoff Bartlett Photo
S.23 unten: reptiles4all
S.24 oben: mozakim
S.24 mitte: Richard Whitcombe
S.25 oben: zulfachri zulkifli
S.27 oben: Cinemanikor
S.27 unten: Angel DiBilio
S.28/29: SARAWUT KUNDEJ
S.29 oben: GOLFX
S.29 unten: Richard Whitcombe
S.30/31: fenkieandreas
S.31: fenkieandreas
S.32 oben: Mark Wolters
S.32 unten: Rudmer Zwerver
S.33 oben: Elena Sherengovskaya
S.34 rechts: Eric Isselee
S.35 oben: rechts: Eric Isselee
S.35 Mitte: Tatjana Romanova
S.35 links: Dmytro Zinkevych
S.35 rechts: pikepicture
S.36/37 unten: Anut21ng Photo
S.36 links: Markus Mainka
S.36/37 oben: Halfpoint
S.37 oben: ER_09
S.37 Mitte: Dudarev Mikhail
S.37 unten (2x): Romrodphoto
S.38/39: Onyx9
S.39 oben: LMspencer
S.42 unten: Asmus Koefoed
S.43 oben rechts: Juan Gracia
S.43 Mitte: LABETAA Andre
S.44 links Mitte: Talvi
S.46 oben: Richard Peterson
S.46 unten: Svetlana Foote
S.48 oben: S.Rohrlach
S.48 unten: Jason Benz Bennee
S.51 oben: Rey Kamensky
S.51 Mitte: Eric Isselee
S.51 unten: Dirk Ercken
S.52 unten: Martin Voeller
S.52/53 oben: Shane Gross
S.53 Mitte: AwgJo
S.54/55: welcomia
S.54 Kreis 1: Paustius
S.54 Kreis 2: studiovin
S.54 Kreis 3: Anton Gvozdikov
S.54 Kreis 4: irin-k
S.56 links: Myriam Keogh
S.56 oben: BlueOrange Studio
S.57 oben: Natalia Kirichenko
S.57 unten: lumen-digital
S.58/59: Nimit Virdi
S.58 oben: Abeselom Zerit
S.60: HT-Pix
S.60/61 unten: waldru
S.61 rechts: Nata Kuchanska
S.62–64: SW_Stock

Mauritius Images
S.4: (2x): Minden Pictures/Suzi Eszterhas
S.16 unten: Memento/Natural History Museum
S. 17: Mitte: nature picture library/Paul D Stewart
S.17 unten: Historic Collection/Alamy
S.22 oben: imageBROKER
S.22 unten: Neil McAllister/Alamy
S.25 unten: Jason Bazzano/Alamy
S.33 unten: mauritius images/Auscape International Pty Ltd / Alamy
S.34 links: nature picture library/Georgette Douwma
S.42/43 oben (2x): nature picture library/Tony Wu
S.50: Minden Pictures/Cyril Ruoso
S.59 oben: Minden Pictures/Claus Meyer

Sonstige
S.17 oben: DOCMA TV/J. Fritz
S.26 (2x) DOCMA TV/C. Flechtner
S.29 Mitte: Natur und Tier - Verlag
S.40 (2x) DOCMA TV/C. Ehrlich
S.41 (2x): DOCMA TV/C. Ehrlich
S.44/45 (4x) DOCMA TV/ C. Ehrlich
S.47 (2x) DOCMA TV/C. Ehrlich
S.48/49 oben (3x) DOCMA TV/C. Ehrlich
S. 48 unten Mitte: DOCMA TV/C. Ehrlich
S. 48 rechts: DOCMA TV/C. Ehrlich
S.52 oben: DOCMA TV/ C. Ehrlich
S.53 unten: DOCMA TV/ L. Schwellnus
S.59 unten: DOCMA TV/ C. Ehrlich
Umschlag F. Elstner (2x): DOCMA TV/C. Ehrlich
Umschlag C. Ehrlich: DOCMA TV/ M. Reinschmidt

Inhaltsverzeichnis

Bedrohte Tiere und Artenschützer 4

Wie viele Arten sind bedroht? 6

Süß und bedroht 8

Der Fitteste überlebt – meistens 10

Gefährdet, bedroht, ausgerottet 12

Bedrohte Lebensräume 18

Die Gejagten 22

Die Rückkehr der Meeresschildkröten 24

Gefangen und verkauft 24

Klimawandel 29

Riff-Retter 30

Eingeschleppte Arten 32

Extra: Wie Du helfen kannst 35

Menschenaffen 39

Wale und Delfine 42

Elefanten und Nashörner 44

Beuteltiere 48

Das Amphibiensterben 51

Haie 52

Die ganz Kleinen 54

Naturschutzgebiete 56

Erhaltungszucht 58

Einsatz für die Natur 61

Extra: Großes Quiz zu bedrohten Tieren 62

Bedrohte Tiere und Artenschützer

Vermutlich hast Du den Begriff „Artenschutz“ schon im Fernsehen oder Internet gehört. Dabei geht es darum, ganze Tierarten zu schützen. Vielleicht fragst Du Dich, wovor die Tiere beschützt werden müssen. Die Antwort: vor uns Menschen! Das clevere Eulchen Xabi erklärt Dir auf Seite 5, weshalb.

Früher merkten Menschen oft gar nicht, dass sie der Natur und den Tieren schaden. Sie sahen die Tiere als Nahrungsquelle, Gefahr oder Schädlinge an. Kaum jemand machte sich Gedanken darüber, was passiert, wenn man zu viele Tiere tötet oder ihnen den Lebensraum nimmt. Viele Menschen ahnten lange Zeit auch gar nicht, dass sie zum Überleben auf eine intakte Natur angewiesen sind.

Das hat sich heute glücklicherweise geändert. Fast überall auf der Welt kümmern sich Natur- und Artenschützer darum, dass seltene Tierarten überleben können und damit das natürliche Gleichgewicht in der Natur erhalten bleibt.

Manchmal werden dann Schutzgebiete eingerichtet, wo die Tiere einen Rückzugsort haben, an den keine Menschen kommen. Oder es gibt Verbote von Chemikalien oder Plastikprodukten, die den Tieren schaden. Letztlich ist es aber fürchterlich schwierig, Arten, die stark bedroht sind, zu retten. Daher sollten wir besser alles dafür tun, es erst gar nicht so weit kommen zu lassen.

Dieser Artenschützer kümmert sich um bedrohte Tasmanische Teufel

Hier versorgen Tierärzte einen verletzten Geparden, den sie dafür in Narkose versetzt haben

Auch der Philippinen-Adler benötigt Hilfe, damit die Art nicht ausstirbt

Viele Ursachen!

Es gibt viele Ursachen, warum Tiere bedroht sind. Dazu gehören die Jagd, die Zerstörung von Lebensräumen, Umweltverschmutzung, Verkehr, Klimawandel und vieles mehr. All das sind durch den Menschen verursachte Veränderungen, die dazu führen, dass manche Tierarten nicht mehr überleben können. Wenn es ganz schlimm kommt, sterben sie sogar aus.

Wie viele Arten sind bedroht?

Die früher so häufige Haubenlerche ist heute hochgradig gefährdet

Um einen Überblick zu erhalten, wie es um die Natur bestellt ist, gibt eine internationale Organisation seit 1962 eine sogenannte „Rote Liste“ heraus, in der alle Arten der Welt aufgeführt sind, von denen bekannt ist, dass sie bedroht sind, und zwar Tiere und Pflanzen. Erarbeitet wird die Liste von einer Gruppe von über 8 000 Wissenschaftlern aus aller Welt, die neue Forschungsergebnisse über die unterschiedlichsten Tiere zusammentragen – von Regenwürmern bis zu Elefanten. Diese Organisation heißt Weltnaturschutzunion, auf Englisch: International Union for Conservation of Nature an Natural Resources (IUCN).

Zudem gibt es eigene Rote Listen für Deutschland und die einzelnen Bundesländer, für Österreich und die Schweiz – denn bei uns sind ebenfalls sehr viele Tiere bedroht, auch wenn in Zeitungen oder im Internet viel häufiger über seltene Affen oder Pandas berichtet wird als über Fledermäuse oder Salamander in unseren Wäldern.

Die Große Hufeisennase ist in Deutschland und Österreich vom Aussterben bedroht

Auf der Roten Liste stehen aktuell fast 27 000 Tier- und Pflanzenarten, die als bedroht gelten – Wissenschaftler gehen aber davon aus, dass eigent-

Viel Industrie bedeutet auch viel Verschmutzung und viele Eingriffe in die Natur

lich eine Million Arten bedroht sind. Das ist eine unglaublich hohe Zahl! Alleine fast die Hälfte aller Amphibien (also Frösche, Salamander, Molche und Blindwühlen) sind gefährdet, ein Viertel aller Säugetiere und fast ein Drittel aller Haie und Rochen. Diese Zahlen verdeutlichen, wie groß das Problem ist.

In Deutschland ist die Situation nicht besser: Bei uns gibt es etwa 500 Wirbeltier-Arten, also Säugetiere, Vögel, Reptilien und Amphibien sowie Fische. Davon wird fast die Hälfte als bedroht eingestuft.

Das liegt vor allem daran, dass Deutschland ein sehr dicht besiedeltes Land ist. Es gibt also viele Menschen auf relativ kleinem Raum – und so haben die Tiere einfach weniger Platz. Verkehr und Industrie sorgen zudem mit ihren Abgasen, Abwässern und anderen Gefährdungen dafür, dass viele Tiere in ihren angestammten Lebensräumen nicht mehr überleben können – der Mensch hat die Natur zu sehr verändert.

Die dichte Besiedelung durch den Menschen nimmt Tieren immer mehr Lebensraum

Bedrohte Schuppenträger

Am meisten sind in Deutschland die Reptilien bedroht, also Schlangen und Echsen, nämlich über 60 Prozent, das heißt weit über die Hälfte der heimischen Arten.

Dass auch kleine, nicht auf Anhieb süß oder wunderschön erscheinende Tiere wie diese Maulwurfsgrille bedroht sind, wird von der Öffentlichkeit oft kaum wahrgenommen

Süß und bedroht

Manchmal könnte man glauben, dass nur „süße" Tiere von Aussterben bedroht sind. Kein Wunder: Medien wie Zeitungen oder Fernsehen und auch die meisten Naturschutz-Organisationen weisen vor allem auf solche Arten hin, die niedlich oder imposant sind.

Das hat den Grund, dass viele Menschen eher hinschauen oder spenden, wenn es um ansehnliche Arten geht, als wenn jemand beispielsweise für die Rettung eines braunen Froschs aufruft.

Aber für die Natur ist es wichtig, dass wirklich alle Arten auf der Erde erhalten bleiben. Denn immer, wenn ein Tier ausstirbt, bleibt eine Lücke – und niemand weiß, was dann passiert. Alle Lebewesen der Welt sind in einem riesigen Netzwerk verbunden, niemand kann alleine überleben. Und manchmal ist es ein ganz unscheinbares Tier, das für einen Lebensraum extrem wichtig ist. Fehlt es plötzlich, dann können andere Arten ebenfalls aussterben, weil ihnen beispielsweise die Nahrung fehlt. Eine Kettenreaktion entsteht, die ganze Lebensräume aus dem Gleichgewicht bringen kann.

Einige Beispiele hierfür zeigen wir Dir weiter hinten in diesem Buch. Also: Spinnen, Schlangen oder Insekten sind ebenfalls ganz wichtig und dürfen nicht aussterben – auch wenn Du sie vielleicht nicht so magst wie einen Tiger oder Orang-Utan!

So viele!

Vor Kurzem haben Biologen berechnet, wie viele Arten es ungefähr auf der Welt geben könnte: Sie gehen von über zehn Millionen aus! Die meisten Tier- und Pflanzenarten sind also noch gar nicht bekannt und benannt.

Traurig ist dabei, dass schätzungsweise etwa 10 000 Arten pro Jahr aussterben – viele Tierarten sind somit von unserem Globus verschwunden, noch bevor ein Wissenschaftler sie überhaupt gefunden hat.

Übrigens: In Deutschland kommen mindestens 48 000 Tierarten vor, die meisten davon sind Insekten.

Mit putzigen bedrohten Tieren wie diesem Pandabären lässt sich gut für den Arten- und Naturschutz werben

Flugsaurier sind schon längst ausgestorben

Der Fitteste überlebt – meistens

Schon immer sind auf der Erde Tierarten verschwunden. Das gehört zum Lauf der Zeiten. Und es passiert so: Im Lauf der Jahrtausende und Jahrmillionen hat sich die Erde verändert. Mal wurde es wärmer, mal gab es Kaltzeiten, einige Regionen wurden vom Meer überspült, andere fielen trocken.

Auslöser für das Aussterben von Arten war also keineswegs immer ein Meteoriteneinschlag wie bei den Dinosauriern – häufig haben sich die Erdplatten einfach verschoben und die Kontinente gerieten in Regionen mit anderem Klima. Früher war die heutige Antarktis beispielsweise mal bewaldet und grün. Und während der letzten Eiszeit, die vor etwa 10 000 Jahren endete, waren große Teile Deutschlands von Gletschern bedeckt.

Ein solcher Wandel bedeutet auch, dass die Tiere sich auf immer neue Bedingungen einstellen müssen. Wenn manche Arten das nicht schaffen oder abwandern können, sterben sie letztlich aus.

Andere Arten starben aus, weil es Tiere gab, die schneller, klüger oder auf andere Weise besser an das Leben angepasst waren – man sagt, dass solche Arten von anderen verdrängt wurden. „Nur der Fitteste überlebt" – das bedeutet, dass nur diejenigen Tierarten es schaffen, die an ihren Lebensraum gut genug angepasst sind. Die anderen sterben irgendwann aus. All das passiert seit vielen Millionen Jahren immer wieder.

Aber von Katastrophen einmal abgesehen, verschwanden Tierarten noch nie so schnell wie heute – und wie Du nun schon weißt, ist das die Schuld des Menschen. Was genau die Tiere bedroht und was wir dagegen tun können, erfährst Du weiter hinten in diesem Buch!

Auch die großen pflanzenfressenden Dinosaurier haben nicht bis heute überlebt

Vermutlich starben die Dinosaurier durch die Folgen des Einschlags eines gigantischen Meteoriten aus

Viele Millionen Jahre später

Säbelzahnkatzen gibt es schon lange nicht mehr

Viel zu kalt!

Bei uns in Deutschland lebten vor etwa 30 000 Jahren noch Wollnashörner, Mammuts und Höhlenlöwen. Sie sind alle ausgestorben, weil das Klima sich in der Eiszeit veränderte – es wurde einfach zu kalt für sie.

Kulturfolger

In der Kategorie „nicht gefährdet“ finden sich häufige Tiere und zum Beispiel auch Kulturfolger, also Tiere, die gerne in der Nähe der Menschen leben und sogar von unseren Städten oder Gärten profitieren – und manchmal sogar von unserem Müll.

Gefährdet, bedroht, ausgerottet ...

Weiter vorne im Buch hast Du schon erfahren, dass es Rote Listen gibt. Mithilfe dieser Listen sollen Schutzmaßnahmen für die bedrohten Tiere entwickelt werden. Sie sind also für Naturschützer und Politiker weltweit wichtig, weil sie zeigen, wo die größten Probleme im Artenschutz bestehen und welchen Tieren am dringendsten geholfen werden muss.

Rote Listen führen alle bedrohten Tierarten in verschiedenen Kategorien auf, denn manche sind viel stärker bedroht als andere. Die Kategorien zeigen, wie wahrscheinlich es ist, dass eine Tierart aussterben wird.

Der Haussperling (links oben) ist weltweit gesehen nicht gefährdet, aber seine Bestände in vielen Regionen nehmen ab

Die Zahntrost-Sägehornbiene (oben) ist potenziell gefährdet

Das Steppenzebra (links) ist ebenfalls potenziell gefährdet

Die Schneeeule (links unten) wurde ganz aktuell als „gefährdet“ eingestuft

Auch der Eisbär (unten) ist gefährdet

Unter anderem gibt es die folgenden Kategorien:

Von diesen Tierarten gibt es noch genügend Exemplare. Auch sind ihre Lebensräume noch halbwegs intakt.

Manchmal aber geht es ganz schnell bergab: In den 1970er-Jahren war der Spatz oder Sperling der häufigste Vogel in Deutschland – heute sind die Bestände vielerorts rückläufig. Die Spatzen finden nämlich immer weniger Nahrung, leiden unter Spritzmitteln der Landwirtschaft und haben nicht mehr genügend Plätze, um ihre Nester zu bauen. Seit 2016 stehen Spatzen daher zum ersten Mal auf einer Roten Liste, nämlich der von Bayern.

„Potenziell“ bedeutet „möglicherweise“. In dieser Kategorie landen Tierarten, die noch nicht als „gefährdet“ eingestuft werden, bei denen die Forscher aber die Annahme haben, dass dies bald geschehen wird. Es ist sozusagen eine „Vorwarnung“, dass es immer weniger Tiere dieser Art gibt.

Bei Arten dieser Kategorie besteht ein hohes Risiko, dass sie in unmittelbarer Zukunft aussterben. Ein Beispiel dafür ist der Eisbär, der durch den Klimawandel bedroht ist: Weil es zunehmend wärmer wird in der Arktis, schmilzt das Eis und die Eisbären haben immer weniger Platz zum Leben. Außerdem werden Eisbären gejagt und leiden unter der Verschmutzung der Meere, denn ihre Nahrung wie Robben stammt zu großen Teilen aus dem Meer.

Auch Afrikanische Elefanten sind in dieser Kategorie zu finden, der Große Panda oder seit Kurzem auch die Schneeeule.

Unken: stark gefährdet

In Deutschland stehen beispielsweise die Rotbauch-Unke und die Gelbbauch-Unke, zwei Froscharten, in der Kategorie „stark gefährdet“, weil es kaum noch Lebensräume für sie gibt. Diese beiden Arten leben an kleinen, kahlen Tümpeln, die es früher häufig zwischen den Feldern gab. Durch die moderne Landwirtschaft fehlen diese Biotope – in einigen Bundesländern sind sie daher schon völlig ausgestorben.

In dieser Kategorie steht es noch schlimmer um das Überleben der jeweiligen Tierarten – es müssen also dringend Schutzmaßnahmen durchgesetzt werden, sonst werden sie für immer von der Erde verschwinden.

Tiger beispielsweise gehören in diese Kategorie. Von diesen Raubkatzen gab es vor 100 Jahren noch über 100 000 Exemplare in Asien. Heute sind es nicht einmal mehr 4 000. Die Gründe dafür sind klar: Immer mehr Menschen leben in Asien – sie roden die Wälder und betreiben Landwirtschaft. Da ist kein Platz für Tiger. Zudem werden immer wieder Tiger aus Angst erschossen oder für die sogenannte traditionelle chinesische Medizin getötet.

Drei Unterarten des Tigers sind übrigens bereits komplett ausgerottet, nämlich Balitiger, Javatiger und Kaspischer Tiger.

Ein weiteres Beispiel für „stark gefährdete" Tiere ist der größte Knorpelfisch der Welt, der Walhai.

Übrigens: Auch Schnecken, Grashüpfer und sogar seltene Fliegen finden sich in dieser Kategorie – es geht also wie gesagt nicht nur um die großen Tiere!

Einige Unterarten des Tigers (links) sind schon ausgestorben, andere stark gefährdet

Der Feldhamster (links Mitte) ist in Mitteleuropa vom Aussterben bedroht

Wenn eine Tierart in dieser Kategorie eingestuft ist, kann man sie kaum noch retten. Zumindest müssen dann enorme Anstrengungen unternommen werden, um überhaupt noch eine Chance zu haben, sie zu erhalten. Oft sind nur noch wenige Exemplare übrig.

Wenn möglich, werden dann Nachzuchtprogramme gestartet. Das bedeutet, dass Artenschützer beginnen, die Tiere in Menschenhand zu vermehren, zum Beispiel in Zoos. Die Jungtiere werden irgendwann in Schutzgebieten ausgewildert. Dies ist oft die letzte Möglichkeit, solche bedrohten Tiere zu retten – und es klappt trotz des großen Aufwands nicht immer.

Zu dieser Kategorie gehören zum Beispiel das Nördliche Breitmaul-Nashorn und die intelligenten Orang-Utans, über die wir Dir weiter hinten im Buch mehr berichten werden.

Bei uns in Deutschland gibt es ebenfalls derart bedrohte Tiere, beispielsweise den Feldhamster. Früher lebten Abermillionen dieser Nager auf den Feldern, so viele, dass eine Zeit lang sogar Prämien für getötete Feldhamster gezahlt wurden. Aber das ist lange vorbei. Heute sind Feldhamster extrem selten, weil die moderne Landwirtschaft ihnen keinen Platz lässt. Sie finden kaum noch naturbelassene Feldränder, an denen sie leben können – oft werden sie dann auch vergiftet, weil sie als Schädlinge gelten. Die Folge: In manchen Bundesländern sind die Feldhamster komplett ausgestorben, in allen anderen stehen sie kurz davor. Daher gibt es erste Nachzuchtstationen für diese Art.

Die Gewöhnliche Gebirgsschrecke ist weltweit gesehen nicht gefährdet, aber in Deutschland vom Aussterben bedroht

Der imposante Waldrapp war in Europa bereits ausgestorben. Heute gibt es Wiederansiedlungsprojekte mit Nachzuchten aus Zoos.

Die Hoffnung stirbt zuletzt

Manchmal tauchen viele Jahre, nachdem eine Tierart als ausgestorben galt, plötzlich wieder einige wenige Exemplare auf. Meistens haben sie in solchen Fällen in unzugänglichen Regionen überlebt. So fanden Wissenschaftler in den Bergen von Jamaika 1990 einen Leguan, von dem man gedacht hatte, er sei 50 Jahre zuvor ausgestorben: den Jamaika-Leguan. Solche Wiederfunde sind aber leider seltene Glücksfälle. In den meisten Fällen sind die Tiere für immer verschwunden.

Waldrappe sind Zugvögel, denen Artenschützer mit kleinen Flugzeugen beibringen, wo ihre Winterquartiere sind. Ein Riesenaufwand, um sie wieder anzusiedeln.

AUSGESTORBEN

Wenn auch die letzten Tiere einer Art gestorben sind, dann spricht man davon, dass sie ausgestorben ist beziehungsweise durch den Menschen ausgerottet wurde, durch Jagd, Zerstörung des Lebensraums oder andere Einwirkungen. Es gibt dann also keine Möglichkeit mehr, diese Tiere noch einmal lebend zu sehen. Wenn so etwas passiert, ist das extrem traurig, denn es gibt keinen Weg zurück.

Unwiederbringlich verloren sind zum Beispiel der Beutelwolf, die Stellersche Seekuh und das Quagga, eine Zebra-Art. Der bekannteste ausgestorbene Vogel ist wohl der flugunfähige Dodo. Auch in Europa gibt es Fälle von Tieren, die ausgestorben sind. Bekannt ist zum Beispiel der Auerochse, der 1627 ausstarb, also vor etwa 400 Jahren. In den letzten etwa 150 Jahren starben allein in Deutschland mindestens 22 Tierarten aus, darunter vor allem Vögel, Fledermäuse und Fische. Möchtest Du mehr über ausgerottete Tiere erfahren? In der „Entdecke"-Reihe gibt es einen eigenen, spannenden Band darüber!

Wenn eine Tierart in einer bestimmten Region ausstirbt, es aber anderswo noch einige Exemplare gibt, so spricht man von „regional ausgestorbenen" Tieren. Das traf zum Beispiel auf den Wolf zu, der in Deutschland vor 150 Jahren ausgestorben war, weil Jäger ihn gnadenlos verfolgt hatten. Erst 1998 kehrten die ersten Wölfe zurück nach Deutschland – und jetzt vermehren sie sich wieder.

Bei den seltsamen Waldrappen, einer großen Vogelart, lief es anders: Diese Zugvögel waren vor 350 Jahren in ganz Europa ausgestorben. Nur in Marokko gab es noch einen kleinen Bestand, und auch einige Zoos besaßen Exemplare. Diese Zoos starteten zusammen mit Wissenschaftlern ein Nachzuchtprogramm und wildern seit einigen Jahren immer wieder Waldrappe aus. Über 100 Exemplare dieser imposanten Vögel gibt es jetzt schon wieder rund um die Alpen.

Links unten: Der Dodo, auch Dronte genannt, ist leider unwiederbringlich ausgerottet

Der Karolinasittich war die einzige auch in den USA heimische Papageienart. Seit über 100 Jahren ist er ausgestorben.

Auch der Beutelwolf ist für immer von unserem Planeten verschwunden

AUSGESTORBEN

Die Wälder der Erde werden in unfassbarem Ausmaß gerodet

Bedrohte Lebensräume

Auf der Erde gibt es nur noch ganz, ganz wenige unberührte Lebensräume. Fast überall leben Menschen, die Häuser bauen, Wildtiere jagen und Landwirtschaft betreiben. Das Verschwinden vieler Tierarten ist eine Folge der Ausbreitung des Menschen. Du musst Dir das mal vorstellen: Vor 10 000 Jahren existierte nur etwa eine Million Menschen auf der Erde – heute leben so viele alleine in Köln!

Die Gesamtbevölkerung der Erde liegt aktuell bei etwa 7,5 Milliarden Menschen – und es werden immer mehr. All diese Menschen brauchen Platz zum Leben, genügend Nahrung und möchten beispielsweise auch Auto fahren und Fleisch essen. Da bleibt immer weniger Lebensraum für Tiere.

Vor allem im letzten Jahrhundert haben wir Menschen endlich erkannt, dass es wichtig ist, die Tiere zu schützen und die Natur zu bewahren, weil wir sonst auch nicht überleben können. Da war es für manche Tiere aber schon zu spät.

Zudem werden heute noch immer weitere Gebiete vom Menschen zerstört, bebaut oder vergiftet, ohne Rücksicht auf die Tiere. Oft geschieht dies weit weg und wir bekommen es kaum mit. Manchmal passiert es aber auch „vor der eigenen Haustür“, zum Beispiel wenn ein Wald gerodet wird, um ein neues Gewerbegebiet zu bauen.

Inzwischen sind fast alle Lebensräume auf der Welt bedroht. Selbst die Wüsten, das ewige Eis und die Tiefsee sind betroffen. Besonders gravierend sind die Folgen für

Biotope, in denen besonders viele Tierarten leben. Das sind zum Beispiel Korallenriffe oder Regenwälder in den Tropen und Subtropen.

Sicher hast Du schon davon gehört, dass immer noch jedes Jahr riesige Flächen Regenwald abgeholzt werden, um an seltenes Holz zu kommen. Zusätzlich gibt es Brandrodungen – da brennen Siedler Teile des Waldes ab, um auf der Fläche z. B. Reis oder Mais anzupflanzen.

In den letzten Jahren werden zudem im großen Stil Regenwälder abgeholzt, um Ölpalmen anzupflanzen. Wir waren bei unseren Dreharbeiten über Orang-Utans in so einer Plantage – es ist schrecklich. In diesen Palmen-Plantagen können kaum Tiere leben, weil es nichts zu fressen gibt und die Bauern zudem viel Gift spritzen.

Das Produkt dieser Plantagen, das Palmöl, ist in vielen Lebensmitteln und teilweise auch in Bio-Kraftstoff enthalten. Beispiele sind manche Nuss-Nougat-Cremes, wie auch Du sie vielleicht gerne zum Frühstück isst, bestimmte Schokoladenriegel und Schokoladensorten, Doppelkekse mit Schokolade dazwischen, Hautcremes, Duschgele, Müslis, Margarine – sie alle können Palmöl enthalten. Lies doch einfach mal bei den Inhaltsangaben der Produkte nach, die Ihr zu Hause verwendet.

Du siehst, es herrscht ein großer Druck auf die Regenwälder der Erde. Dabei bilden sie zusammen mit den Korallenriffen den Großteil unseres Sauerstoffs, den wir zum Atmen brauchen. Wir müssen also weiter dafür kämpfen, dass die Regenwälder – und auch alle anderen Lebensräume – erhalten bleiben!

Goldsuche mit Gift

In manchen Regionen wird nach Gold oder anderen seltenen Metallen geschürft. Illegale Goldsucher beispielsweise setzen dabei Quecksilber ein, weil sich damit auch kleinste Goldteilchen leichter gewinnen lassen. Das ist zwar hochgiftig, wird aber trotzdem anschließend einfach so in die Flüsse geleitet. Das Quecksilber ist nicht nur für Menschen sehr gefährlich, sondern auch Unmengen an Tieren sterben.

Plastik im Meer

Die Umweltverschmutzung ist ein großes Problem für viele Tiere. Dabei geht es nicht nur um Chemikalien aus großen Fabriken oder um Vögel, die bei einer Ölpest sterben. Ein schlimmes Übel ist seit Jahren Plastik, das über die Flüsse ins Meer gespült wird und sich dort sammelt. Weit weg von den Stellen, wo es produziert wurde, schwimmt es in den Ozeanen. Wale, Schildkröten, Fische und Seevögel fressen die Plastikteile, entweder aus Versehen oder weil sie so aussehen wie Beute.

Meeresschildkröten zum Beispiel verwechseln oft Plastiktüten mit Quallen, die auf ihrem Speisezettel stehen. Sie können qualvoll am Plastik im Magen sterben. Auch Vögel, Delfine und Wale, die jede Menge Plastik im Bauch hatten, sind tot an den Küsten angespült worden.

Doch damit nicht genug: Weil kleinste Teile des Kunststoffs sich im Körper von Fischen sammeln, essen auch wir Menschen das Plastik mit.

Seit einigen Jahren gibt es mehrere Projekte, die das Ziel haben, die Meere „aufzuräumen" und das Plastik einzusammeln. Es wird aber sicher noch viele Jahre dauern, bis das wirklich Erfolg zeigt. Zudem sinkt tonnenweise Plastik auf den Meeresgrund ab und verursacht dort Probleme. Immerhin verbieten jetzt die ersten Länder Einweg-Plastik – aber erst, wenn das weltweit gemacht wird, kann das Problem allmählich verringert werden.

Viele Meerestiere wie dieser Walhai verwechseln treibendes Plastik mit Beute und gehen daran jämmerlich zu Grunde

Sogenannte Geisternetze, also verloren gegangene oder ins Meer geworfene Fischernetze, sind eine tödliche Bedrohung für Meeresschildkröten, Fische und Meeressäuger

Zurück zur Natur

Es gibt glücklicherweise Regionen, in denen Fehler der Vergangenheit wieder rückgängig gemacht werden: In Europa beispielsweise werden Flüsse renaturiert – sie werden also wieder in ihren natürlichen Zustand gebracht. Denn viele Flüsse wurden früher begradigt, damit Schiffe besser darauf fahren können, manche Bäche wurden sogar in Betonröhren verlegt, damit man besser bauen kann.
All das hat die Natur an diesen Stellen massiv gestört. Es war auch schlecht für den Menschen, denn es kam zu viel mehr Überschwemmungen, und es überlebten kaum Fische.
Zudem haben fast alle Länder der Erde heute Nationalparks, in denen sie ihre Tiere schützen.

Mit einem klebrigen Stock wurde diese Mönchsgrasmücke auf Zypern gefangen

Die Gejagten

Die Urmenschen waren „Jäger und Sammler“. Das bedeutet, dass sie Tiere jagten, um sie zu essen, so wie es heute die Naturvölker noch immer tun. Allerdings geschah dies über Jahrtausende meist im Einklang mit der Natur. Die Jagd der Menschen störte das biologische Gleichgewich also in der Regel nicht.

Das ist heute anders. Es gibt einfach sehr viele Menschen, und die Waffen sind so modern geworden dass Tiere durch die Jagd ausgerottet werden können Wie wir Dir weiter vorne im Buch schon geschildert haben geschah dies bereits viele Male im Lauf der Geschichte.

Die Probleme, die durch übermäßiges Jagen entstehen, sind Dir sicherlich sofort klar: Wenn Arten durch Jagd fast oder ganz ausgerottet werden, kann es nicht nur zu Problemen in der Natur kommen, sondern die Menschen verlieren auch eine Nahrungsquelle. Gerade in Entwicklungsländern kann das dramatische Folgen haben – das haben wir auf unseren Reisen oft erlebt.

In Indonesien gingen wir durch Regenwälder, in denen man fast nie größere Tiere sah. Der Grund: Die Menschen dort jagen alle möglichen Arten, sie essen auch Affen, Schlangen oder Flughunde. Weil dort heute so viele Menschen leben, wird so viel gejagt, dass die Wälder nahezu „leer“ sind – eine fürchterliche Entwicklung.

Einige Jahre später waren wir auf der Insel Sri Lanka, die südöstlich von Indien liegt. Dort verbietet die Religion der meisten Menschen die Jagd auf Wildtiere. In den Regenwäldern Sri Lankas konnten wir daher auch unglaublich viele Tiere sehen – hier war die Natur noch im Gleichgewicht.

Problematisch ist zudem, dass in manchen Ländern Afrikas in der Natur erlegte Wildtiere, das sogenannte „bush meat“ („Fleisch aus dem Busch“), als Delikatesse gelten. Je seltener die Tiere, die gegessen werden, umso teurer sind sie. Dieses Geschäft wollen sich viele ärmere Menschen nicht entgehen lassen – und töten so imme mehr Tiere.

Getötet für Pelze

Manche Tiere werden nur wegen ihrer Felle gejagt, Robben zum Beispiel, Hermeline oder Füchse. Das Tragen von Pelzen ist zwar inzwischen bei vielen Menschen verpönt, aber es gibt dennoch genügend Käufer für Kleidung mit Pelz. Darum hört die Jagd bisher nicht auf. Den Tieren wird also weiter „das Fell über die Ohren gezogen“.

Vor allem die asiatischen Schildkröten sind vom Aussterben bedroht, weil sie in riesigen Mengen als Nahrung oder angebliche Medizin abgesammelt werden

Eine weitere Form der Jagd hat in den letzten Jahren für riesige Probleme gesorgt: Die Jagd für die traditionelle chinesische Medizin. In China leben über eine Milliarde Menschen, von denen viele daran glauben, dass bestimmte Teile von Wildtieren aus aller Welt Krankheiten heilen oder andere positive Einflüsse auf die Gesundheit haben. Das stimmt nicht, aber sie glauben dennoch daran und zahlen teilweise unglaublich hohe Geldsummen dafür.

Leider führte das dazu, dass Tausende Nashörner wegen ihres Horns, Bären wegen ihrer Galle oder die skurrilen Schuppentiere wegen ihrer Schuppen getötet werden. Es ist ein besonders unsinniger Tod für die betroffenen Tiere – und bedroht inzwischen manche Arten so extrem, dass sie kurz vor der Ausrottung stehen.

Wenn die Jagd zu große Auswirkungen hat, gibt es in vielen Ländern Beschränkungen und Verbote. Manche Tiere dürfen dann nicht mehr gejagt werden, zum Beispiel Wale, oder es gibt Schutzzeiten, damit die Tiere nicht erschossen werden, wenn sie gerade trächtig sind oder Junge haben. In der Fischerei gibt es sogenannte Fangquoten, die festlegen, wie viele Fische einer Art pro Jahr gefangen werden dürfen. Trotzdem sind fast alle Meere überfischt – es gibt also immer weniger Meeresfische.

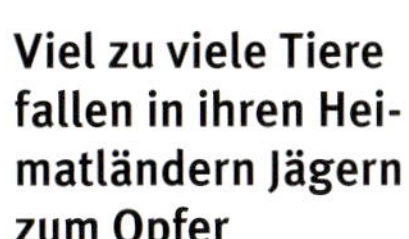

Viel zu viele Tiere fallen in ihren Heimatländern Jägern zum Opfer

Jagd auf Fische

häufige Fischarten wie der Dorsch in der Nordsee sind heute bedroht, weil viele Jahre lang viel zu viele davon gefischt wurden und es jetzt kaum noch Nachwuchs gibt.

Auch Unmengen der schönen Schuppentiere werden erlegt

Rechts: Artenschützer haben durch den Schutz der Nester dafür gesorgt, dass heute wieder mehr Jungtiere ins Meer entlassen werden können

Die majestätischen Meeresschildkröten standen kurz vor der Ausrottung. Jetzt gibt es wieder Hoffnung.

Die Rückkehr der Meeresschildkröten

Meeresschildkröten werden gejagt, um sie zu essen. Auch bei uns gab es früher einmal Schildkröten-Suppe im Supermarkt zu kaufen. Das ist zwar inzwischen verboten, in anderen Teilen der Welt werden die Tiere aber immer noch getötet.

Für unsere Fernsehsendung „Elstners Reisen“ haben wir insgesamt sechs Stationen besucht, die Meeresschildkröten retten. In den letzten 50 Jahren entstanden solche Stationen überall auf der Welt, weil diese wunderschönen Reptilien kurz vor dem Aussterben standen.

Artenschützer begannen, die Nester der Schildkröten an den Stränden zu schützen und verletzte Tiere zu heilen. Sie sprachen mit Fischern, damit diese keine Schildkröten mehr jagen, und setzten Gesetze durch, die das Töten von Meeresschildkröten verbieten.

All das musste auf allen Kontinenten gleichzeitig geschehen, denn Meeresschildkröten schwimmen in ihrem Leben viele Tausend Kilometer durch alle Ozeane.

Das Tolle ist, dass diese Maßnahmen langsam Wirkung zeigen: Es gibt wieder mehr Meeresschildkröten, haben uns die Forscher erzählt. Zwar wird es noch viele Jahre dauern, bis die Bestände wieder so groß sind, dass man sich keine Sorgen mehr zu machen braucht. Aber es ist ein Beweis dafür, dass Artenschutz funktionieren kann, wenn nur viele Menschen mitmachen!

Leider werden an vielen Orten der Erde noch immer Eier von Meeresschildkröten als Delikatesse verkauft

Eine Meeresschildkröte vergräbt ihre Eier

Sterben in kleinen Käfigen

In vielen Ländern leben die gefangenen Tiere in sehr kleinen Käfigen, bis sie sterben. Viele kleine Vögel werden zum Beispiel auf asiatischen Märkten verkauft, damit sie bei den Käufern zu Hause in der Wohnung oder auf dem Balkon singen. Sehr viele überleben unter diesen Bedingungen nicht lange.

Gefangen und verkauft

Der Verkauf von Wildtieren ist ein großes Geschäft. Tierliebhaber zahlen teilweise große Summen für sogenannte „Wildfänge", also Tiere, die lebend in der Natur gefangen wurden, um dann in Käfigen oder Terrarien gehalten zu werden.

Früher wurden die meisten Tiere für den Zoohandel in der Natur gefangen, Zierfische genauso wie Papageien und andere Vögel oder Landschildkröten. Doch seit etwa 40 Jahren gibt es internationale Gesetze, die den Fang von Tieren einschränken und kontrollieren. Seitdem werden mehr und mehr Tiere angeboten, die gezüchtet wurden. Trotzdem kann auch heute noch das Wegfangen seltener Tiere dazu führen, dass ihre Art bedroht ist.

Trotz aller Gesetze und Kontrollen gibt es immer noch einen großen illegalen Markt für Wildtiere. Illegal bedeutet „nicht rechtmäßig", also gegen das Gesetz. Wir haben bei unseren Dreharbeiten in Indonesien einen Einblick bekommen, wie Wilderer und illegale Tierhändler arbeiten. Sie fangen seltene Vögel, Schlangen und sogar Affen, um sie zu verkaufen. Den Käufern ist es so wichtig, diese seltenen Tiere bei sich zu Hause zu haben, dass sie mehrere Hundert oder Tausend Euro dafür bezahlen und in Kauf nehmen, dass sie verhaftet werden, wenn man sie erwischt.

Häufig sterben beim Schmuggeln der Tiere die meisten Exemplare und es kommen nur wenige überhaupt lebend an. Da aber so hohe Summen gezahlt werden, lohnt es sich für die illegalen Tierhändler trotzdem. Besonders grausam: Bei Orang-Utans werden die Mütter erschossen, um die Babys mit der Flasche aufzuziehen und zu verkaufen. Wir besuchten eine Auffangstation für beschlagnahmte Affenbabys in Borneo – dort werden jedes Jahr Dutzende dieser Affenwaisen aufgezogen, um sie später zurück in den Regenwald zu entlassen. Doch manche haben so schlimme Schicksale, dass sie niemals wieder frei leben können.

Für eine andere Sendung waren wir in Osteuropa unterwegs und haben Braunbären zusammen mit einer Tierschutzorganisation aus viel zu kleinen Gehegen befreit. Sie wurden dort unter fürchterlichen Bedingungen gehalten, meistens als Touristenattraktion.

Affen (oben) und Papageien (unten) werden häufig illegal gefangen und zum Verkauf angeboten

Zusammen mit einer Tierschutzorganisation konnten wir Braunbären aus ihren viel zu kleinen Gehegen (großes Bild) befreien und tiermedizinisch versorgen (kleines Bild)

Steigender Meeresspiegel

Da beim Schmelzen des Eises viel flüssiges Wasser entsteht, steigt der Meeresspiegel und überschwemmt die Küsten. Manche Inseln könnten sogar ganz im Meer versinken.

Klimawandel

Große Teile des heutigen Klimawandels sind durch den Menschen verursacht, weil wir viel zu viel Öl und Gas verbrennen – in Heizungen, Auto- und Flugzeugmotoren oder Industriebetrieben. Dabei entsteht Kohlendioxid, ein Abgas. Und das wiederum sorgt dafür, dass es weltweit wärmer wird.

Der Klimawandel ist eine besorgniserregende Entwicklung, denn schon jetzt zeigt sich, dass beispielsweise Korallen absterben, weil das Meereswasser zu warm wird. Gerade Korallen sind aber wichtig für das bunte Leben im Meer, denn sie bilden Riffe, die vielen Fischen, Krebsen, Schnecken und anderen Tieren eine geschützte Heimat bieten. Sterben also die Korallen ab, sterben mit ihnen auch viele Fische und wirbellose Tiere – die ganze Nahrungskette bis zu den größten Räubern, den Haien, kann zusammenbrechen. In den letzten Jahren sind etwa 20 Prozent aller Riffe der Welt verschwunden, weitere 50 Prozent sind ernsthaft gefährdet – daran siehst Du, wie dramatisch diese Entwicklung ist.

Und die Erderwärmung hat noch viele andere Folgen: Durch das Schmelzen des Eises in der Arktis und Antarktis verschwindet nicht nur der Lebensraum für Eisbären und andere Tiere. Andere Regionen der Erde werden gleichzeitig zur Wüste, weil es hier durch die gestiegenen Temperaturen kaum noch regnet und das Wasser im Boden zu schnell verdampft. Viele Tiere, die in solchen Lebensräumen vorkommen, sterben, da sie sich nicht schnell genug anpassen können. Denn dieser vom Menschen gemachte Klimawandel geht viel schneller als ein natürlicher, das macht ihn so gefährlich.

Forscher glauben, dass bei einer Steigerung der Temperaturen im Mittelwert um über 3 Grad bis zu zwei Drittel aller Arten aussterben könnten. Und keiner kann sagen, welche Folgen das für uns Menschen haben wird.

Korallenriffbewohner wie die Seepferdchen leiden stark unter dem Klimawandel

Schon ein relativ geringer Anstieg der Meerestemperatur reicht, um blühende Korallenriffe in tote Geisterlandschaften zu verwandeln

Riff-Retter

Wir haben auf unseren Reisen Korallenriffe in allen Ozeanen gesehen. Es ist wunderbar, vorsichtig an den Korallen vorbeizuschnorcheln und die vielen bunten Fische, Riesenmuscheln oder Oktopusse zu beobachten. Auch kleine Haie tummeln sich gerne in der Nähe der Riffe, weil es dort viel Beute gibt.

Wir haben aber auch zerstörte Riffe gesehen, die ganz weiß waren – alle Farben waren verschwunden und es gab kaum noch Tiere. „Korallenbleiche" nennen das die Biologen, und die ist eine Folge der Erderwärmung. Korallen kommen nämlich nicht klar mit hohen Wassertemperaturen, denn dann verlieren sie die unzähligen winzigen Algen, die in ihnen in einer Lebensgemeinschaft leben und sie mit Nährstoffen versorgen.

Es ist wirklich traurig, solche zerstörten Riffe zu sehen. Doch es gibt auch Artenschützer, die versuchen, Korallenriffe wieder „aufzuforsten": Sie bauen künstliche Riffe aus Metall oder Seilen und siedeln darauf Korallen an – nach vielen Jahren wird daraus mit etwas Glück tatsächlich ein Riff.

Beispielsweise auf solchen Gittern, die Artenschützer ins Meer werfen, können sich wieder Korallen ansiedeln

Hier überwacht ein Mitarbeiter eines Riffprojekts die Fortschritte

Katzen töten weltweit jährlich viele Millionen heimischer Wildtiere!

Eingeschleppte Arten

Wenn Menschen in anderen Teilen der Welt siedeln, bringen sie oft Tiere von zu Hause mit – bewusst oder unbewusst. Fremde Arten können aber katastrophale Folgen für das Ökosystem haben, in einigen Fällen sorgten sie sogar für das Aussterben von Tierarten!

Hunde und Katzen sind wichtige Gefährten des Menschen, aber sie richten in vielen Teilen der Welt großen Schaden an. Besonders Katzen fressen Vögel, Nager und Reptilien. Und sie machen keinen Unterschied, ob diese Tiere häufig oder selten sind.

Zudem bringen die Haustiere des Menschen auch manche Krankheiten mit, auf die die einheimischen Wildtiere nicht vorbereitet sind. Die Staupe, eine Krankheit von Hunden, kann beispielsweise auch auf andere Raubtiere wie Hyänen, Wölfe oder Bären übertragen werden. Häufig sterben diese Tiere dann an der Krankheit.

Andere Tiere reisen mit dem Menschen, ohne dass er es selbst merkt. Sie kommen als „blinde Passagiere" auf Schiffen oder in Flugzeugen mit um die Welt. Ratten zum Beispiel gibt es inzwischen sogar auf der Forschungsstation in der Antarktis und auch sonst auf jedem Kontinent. Sie sind die vermutlich erfolgreichsten Kulturfolger, also Begleiter des Menschen. Für andere Arten bergen sie eine große Gefahr, weil sie zum Beispiel Vogelnester plündern oder Krankheiten übertragen. Und Ratten sind anpassungsfähig, was ihnen einen großen Vorteil gegenüber vielen anderen Tierarten gibt – ihnen nehmen sie

Ratten wurden vom Menschen weltweit verschleppt und sind oft zur Bedrohung für heimische Tiere geworden zum Beispiel die Nahrung oder die Verstecke weg, bis die andere Art ausstirbt. Der flugunfähige Dodo etwa starb unter anderem durch eingeschleppte Ratten aus, die seine Eier und Küken fraßen. Man sollte Tiere also besser dort lassen, wo sie von Natur aus hingehören!

Eine Kröte geht um die Welt

Manchmal sind es kleine Eingriffe in die Natur, die katastrophale Folgen haben. Ein Beispiel dafür betrifft die Aga-Kröte, eine der größten Froscharten der Welt: Sie wird bis zu 22 Zentimeter groß! Eigentlich gab es diese Kröten nur in Süd- und Mittelamerika. Einige Zeit waren sich Plantagenbesitzer in anderen Teilen der Welt jedoch sicher, diese Riesenkröten könnten Schädlinge wie Käfer, Mäuse oder sogar Ratten auf ihren Feldern bekämpfen. Sie setzten daher unter anderem in Australien, der Karibik, Japan, den Philippinen und vielen anderen Inseln Aga-Kröten aus.

Manchmal halfen die Kröten sogar, dass die Schädlinge weniger wurden – doch die Kröten blieben natürlich nicht auf den Feldern und vermehrten sich. Sie begannen, die heimischen Tiere zu fressen. Aga-Kröten sind da nicht wählerisch und verzehren fast alle Insekten, kleinere Nager, Reptilien und Amphibien. Außerdem sterben größere Tiere, die sie fressen, weil Aga-Kröten giftig sind.

Jede Menge Kröten

In Australien leben heute viele Millionen Aga-Kröten. Biologen schätzen, dass es inzwischen mehr Tiere dieser eingeschleppten Art gibt als von allen in Australien heimischen Froscharten zusammen! Alle Versuche, die Ausbreitung der Aga-Kröten zu verhindern, scheiterten. In Gebieten, wo es viele Aga-Kröten gibt, werden zum Beispiel Schlangen, Warane und kleine Beuteltiere selten – manche drohen regional auszusterben.

Aga-Kröten (Fotos oben und unten) wurden in Australien als Schädlingsbekämpfer ausgesetzt, fressen aber unzählige heimische Tiere

Ausgesetzte Grauhörnchen machen Eichhörnchen das Leben schwer

Eichhörnchen in Gefahr?

Auch unsere Eichhörnchen haben es mit einem „Eindringling" zu tun, der ihnen das Überleben schwer macht. Das amerikanische Grauhörnchen wurde 1889 in England ausgesetzt, weil man die Tiere gerne jagen wollte. Die Nager fühlten sich wohl und vermehrten sich extrem schnell. Nach und nach verdrängten sie das Eichhörnchen immer weiter, weil sie stärker und anpassungsfähiger waren. Nahrung und Nisthöhlen wurden von den Grauhörnchen besetzt, bis fast alle Eichhörnchen verschwunden waren. Gleichzeitig nahm auch die Zahl der Singvögel deutlich ab, weil die Grauhörnchen Eier und Küken fressen.

Einige Grauhörnchen schafften es auch auf das europäische Festland – bisher konnte ihre Anzahl aber gering gehalten werden.

Die heimischen Eichhörnchen sind nicht so durchsetzungsstark wie Grauhörnchen

Extra: Wie Du helfen kannst

Wenn Du von all den Problemen liest, die die Wildtiere weltweit haben, dann könntest Du sagen: „Daran kann ich ja gar nichts ändern." Leider machen das sehr viele Menschen so und haben den Glauben verloren, dass sie noch etwas zum Besseren verändern könnten.

Wir dagegen sehen das nicht so – und mit uns Millionen andere Menschen weltweit. Das sind nicht nur Artenschützer, die vor Ort für die Tiere kämpfen.

Inzwischen gibt es ganz viele Aktionen und kleine Änderungen im Alltag, die dazu beitragen können, dass zum Beispiel weniger Lebensräume zerstört und weniger Tiere gejagt werden. Wir haben hier mal ein paar Beispiele zusammengetragen, aber das ist natürlich nicht alles. Wenn Du darauf achtest, wie Du Dich jeden Tag verhältst, und überlegst, was den bedrohten Tieren schaden könnte, machst Du schon einen riesigen Schritt. Und wenn das viele so tun, kann man wirklich Großes bewegen, das haben wir auf unseren Reisen schon ganz oft erlebt. Es ist also immer gut, wenn Du auch andere darauf aufmerksam machst, wenn sie durch ihr Verhalten der Natur und bedrohten Tieren schaden.

Tierbeobachtungen können ein erster Schritt sein, um zu verstehen, wie man Arten helfen kann

1. Vor Ort helfen

Sehr viele Naturschutzorganisationen und Artenschutzprojekte bieten Schülern und Studenten ab einem bestimmten Alter die Möglichkeit, ehrenamtlich, also ohne Bezahlung, mitzuarbeiten. Bei solchen Praktika kannst Du zum Beispiel helfen, Tiere zu zählen, Wälder aufzuforsten oder verletzte Tiere zu versorgen.

Erkundige Dich bei Deinen örtlichen Naturschutzverbänden wie dem BUND oder NABU, was für Kinder und Jugendliche in Deinem Alter angeboten wird.

Plant for the planet

Beim Projekt „Plant for the planet" ist das Ziel, eine Billion Bäume weltweit zu pflanzen, das sind 1 000 Milliarden! Für diese Zahl wäre laut Berechnungen von Biologen auch noch Platz auf der Welt – und so viele Bäume würden helfen, die Klimaveränderung deutlich zu verringern. Kinder und Jugendlich sind bei diesem Projekt von Anfang an sehr stark aktiv!

VOR ORT HELFEN

Anleitungen für den Bau von Nistkästen findest Du jede Menge im Internet

Plastikbecher zersetzen sich nur langsam und belasten die Umwelt für mehrere hundert Jahre

2. Müll vermeiden

Ganz aktiv kannst Du jeden Tag versuchen, Müll zu vermeiden. Vielleicht kümmert man sich in Deiner Familie schon darum, Müll zu trennen und Plastik-Verpackungen zu meiden. Benutze Plastiktüten wieder oder verzichte am besten ganz darauf! Das sind erste wichtige Schritte.

3. Lebensräume schützen

Du hast in diesem Buch schon gelernt, dass Lebensräume empfindlich auf Störungen reagieren. Verhalte Dich entsprechend! Fahre nur auf ausgewiesenen Wegen durch die Natur, zertrampele keine Pflanzen und achte darauf, dass Du die Verstecke oder Nistplätze der Tiere nicht zerstörst oder störst.

Müll gehört nicht in die Natur

Ganz wichtig ist, dass Du keinen Müll achtlos wegwirfst, sondern ihn immer in einen Mülleiner beziehungsweise den Wertstoffsack steckst. Denn wenn zum Beispiel Plastiktüten vom Wind in einen Fluss geweht werden, dann landen sie irgendwann im Meer. Was dort passiert, haben wir Dir ja schon beschrieben.

4. Lebensräume schaffen

Lebensräume zu schaffen, hört sich jetzt erst mal kompliziert an – ist es aber gar nicht, vor allem, wenn Deine Eltern mithelfen. Gerade bei uns haben bedrohte Tiere häufig das Problem, dass die Lebensräume „zerstückelt" sind. Straßen oder Häuser mit langweiligen Gärten trennen die Stellen, an denen zum Beispiel Vögel, Amphibien oder Insekten noch leben könnten. Da kannst Du helfen!

Wenn Du einen Garten hast, überlege mit Deinen Eltern, ob Du kleine Biotope anlegen kannst, einen kleinen Teich, eine Wiese, auf der wilde Blumen wachsen dürfen, oder beispielsweise Trockenmauern und Hecken, in denen sich Tiere verstecken können. All das sieht auch noch toll aus und schafft viele Plätze für heimische Tiere, die dann nach und nach von ganz alleine kommen werden.

Zudem kannst Du Singvögel mit einer Futterstelle unterstützen. Früher fütterte man nur im Winter, heute sind sich die Forscher sicher, dass es besser ist, das ganze Jahr hindurch die Vögel zu füttern, damit sie ihren Nachwuchs leichter aufziehen können. Außerdem kannst Du Nistkästen für

MÜLL
VERMEIDEN

Ein Insektenhotel bietet Platz für viele verschiedene Arten

Vögel oder Fledermäuse oder sogenannte Insekten-Hotels für seltene Insekten bauen und aufhängen. Das kann man sogar machen, wenn man nur einen Balkon zu Verfügung hat. Anleitungen dazu findest Du im Internet.

5. Achte darauf, was Du isst!

Wenn Du bedrohte Tiere schützen möchtest, solltest Du auch genau überlegen, welche Nahrungsmittel Du isst. Das Problem von Palmöl haben wir Dir zuvor in diesem Buch bereits erläutert. Es ist nicht einfach, darauf zu verzichten, denn etwa die Hälfte aller Produkte im Supermarkt enthält Palmöl. Aber man kann es versuchen!

Gleiches gilt für Fleisch. Wer viel Fleisch isst, schadet der Natur mehr als jemand, der weniger davon verzehrt. Denn für die Produktion von Fleisch müssen riesige Flächen zur Verfügung stehen: für die Haustiere und für ihr Futter. Außerdem ist der Wasserverbrauch dabei unfassbar hoch.

Rinder verursachen viel Methan, das zur Erwärmung der Erde beisteuert

Bedrohte Thunfische

Du solltest kein Fleisch von bedrohten Tieren essen. Du denkst, dass das nicht verkauft würde? Doch! Ein typisches Beispiel ist Thunfisch, der gerne auf Pizzen oder in Sushi verwendet wird. Diese Fische sind wie auch viele andere durch Überfischung bedroht, und Du solltest lieber darauf verzichten.

6. Belaste das Klima so wenig wie möglich!

Wir haben Dir schon gezeigt, dass viele Tiere durch die Klimaerwärmung Probleme bekommen. Jeder kann durch sein Verhalten dazu beitragen, dass diese Erwärmung so gering wie möglich ausfällt. Dazu gehört es, unnötige Flüge und Fahrten mit dem Auto zu vermeiden und keinen Strom zu verschwenden.

UMWELT NICHT BELASTEN

Rad- oder Rollerfahren macht nicht nur Spaß und hält fit, sondern schont auch die Umwelt!

Menschenaffen

Oben:
Intensive Schutzbemühungen haben dafür gesorgt, dass heute wieder etwas mehr Jungtiere des Berggorillas überleben

Menschenaffen sind unsere engsten Verwandten im Tierreich. Es gibt sieben Arten, darunter Orang-Utans, Gorillas und Schimpansen. Alle Arten sind in ihrem Bestand bedroht! Gründe dafür sind die Zerstörung der Regenwälder und die Jagd auf die Affen, weil man sie als gefährlich ansieht oder weil man sie als „bush meat" isst, also als „Fleisch aus der Wildnis".

Besonders bedroht sind beispielsweise die Berggorillas. Von ihnen leben nur noch etwa 1 000 Exemplare in Zentralafrika. Und das ist sogar ein Fortschritt, denn vor wenigen Jahren waren es sogar noch weniger als 700.

Die Einrichtung von Nationalparks und intensive Schutzbemühungen vor Ort haben geholfen, dass es endlich wieder mehr Gorillas gibt. Hunderte Ranger mit Gewehren wurden eingesetzt, die Tag und Nacht die großen Affen vor Wilderern und illegalen Holzfällern beschützen. Ein gefährlicher Job, denn manchmal greifen die Wilderer an und schießen auf die Ranger.

Dass es jetzt wieder mehr Berggorillas gibt, ist aber keine Entwarnung. Aktuell herrscht erneut Bürgerkrieg in Teilen des Verbreitungsgebiets der Gorillas im Kongo. Daher haben es Naturschutzorganisationen schwer, die Tiere weiter zu beschützen.

Zu den am stärksten bedrohten Menschenaffen-Arten gehören auch Orang-Utans. Bei ihnen ist das Problem die Rodung der Regenwälder in Indonesien. Große internationale Firmen fällen die Bäume riesiger Gebiete, um Palmöl-Plantagen zu pflanzen – dort können Orang-Utans und viele andere Tiere aber nicht überleben. Außerdem gibt es immer noch Wilderer, die Orang-Utan-Weibchen erschießen, um an die Bays heranzukommen und diese als illegale Haustiere zu verkaufen.

Wenn man sich die Situation vor Ort anguckt, ist das wirklich erschreckend. Wir waren für unsere Sendung „Elstners Reisen" mehrere Wochen in

Links:
Aber nach wie vor sind Berggorillas stark bedroht!

So ein Jungtier mit der Flasche zu füttern, war für Frank Elstner ein unvergessliches Erlebnis!

Zerstörerisches Palmöl

Riesige Bagger zerstören alles, um Platz für Palmölplantagen zu schaffen, und die Orang-Utans sterben, weil es keine Bäume und keine Nahrung mehr gibt. Oder sie verbrennen, weil die Firmen den Wald einfach abbrennen.
Es ist wirklich grausam – aber leider ist ein Ende dieser Entwicklung derzeit nicht in Sicht. Die Nachfrage nach Palmöl ist auf der ganzen Welt einfach zu groß, auch bei uns.

Hier siehst Du Frank und Matthias mit Mamat, dem geretteten Orang-Utan

Indonesien. Dort haben wir Menschen besucht, die für die Orang-Utans kämpfen. Inzwischen existieren viele Stationen, in denen verletzte Orang-Utans aufgepäppelt und Babys aufgezogen werden. Außerdem gibt es Vereine, die Regenwald kaufen, um ihn unter Schutz zu stellen – dort können Orang-Utans sicher ausgewildert werden.

Wir waren beeindruckt, wie schwierig das alles ist und wie lange es dauert, die kleinen Orang-Utans aufzuziehen und für ein Leben in Freiheit vorzubereiten. Oft sind es mehrere Jahre!

Auf unserer Reise haben wir auch einen Wilderer ausfindig gemacht, der Orang-Utans und andere Wildtiere fängt und verkauft. Die gibt es also immer noch. Wir gaben diese Information an die Polizei weiter, die ihn daraufhin verhaften konnte. Denn eines hat sich geändert: Auch in Indonesien stehen die Orang-Utans inzwischen unter Schutz und dürfen nicht gefangen oder verkauft werden.

Die Bindung zwischen Mutter und Jungtier ist bei allen Menschenaffen besonders eng

„Mamat", der Orang-Utan

In der Orang-Utan-Auffangstation in Sintang auf der Insel Borneo trafen wir „Mamat", einen Orang-Utan, den der Artenschützer Willie Smits gerettet hatte. Das Tier hatte mehrere Jahre bei einem Bauern gelebt, der ihn zum Angeben in einem winzigen Käfig hielt. Der Käfig war so niedrig, dass sich „Mamat" jahrelang nicht aufrichten konnte. Zudem bekam er nur Hühnerfutter zu fressen.

Als Willie ihn zusammen mit den Behörden rettete, hatte er verkrümmte Arme und Beine und konnte nicht mehr klettern. Durch eine Physiotherapie, wie man sie auch bei verletzten Menschen macht, wurde „Mamat" über fünf Jahre behandelt. Wir waren dabei, als er in einem Schutzgebiet ausgewildert wurde – er konnte zurück in die Freiheit!

Die riesigen Pottwale wurden in großem Stil gejagt, um aus ihnen Öl zu gewinnen

Wale und Delfine

Auf der Welt gibt es etwa 90 Arten von Walen und Delfinen. Darunter ist auch das größte lebende Tier der Erde, der Blauwal, von dem es heute nur noch etwa 14 000 Exemplare gibt. Insbesondere die Größe der Wale sorgte dafür, dass Menschen ab dem 16. Jahrhundert vermehrt Jagd auf sie machten. Denn ein getöteter Wal brachte unglaublich große Mengen an Fleisch. Zudem wurde das Öl der Wale als Brennstoff verwendet.

Besonders schlimm wurde es für die Wale aber im 19 Jahrhundert. Seitdem werden Wale mit sogenannten Sprengharpunen geschossen, die sehr weit fliegen können und ziemlich genau treffen. Die Wale haben also kaum mehr eine Chance, zu fliehen.

Zwischen 1930 und 1960 wurden jedes Jahr 30 000 bis 40 000 Wale getötet, so die Schätzungen. Das ist eine unvorstellbare Menge! Da sich Wale sehr langsam vermehren, war das viel zu viel. Besonders die größeren Wal-Arten standen bald vor der Ausrottung. Die Bestände des Grauwals im Westpazifik sind durch die Jagd vermutlich sogar bereits komplett ausgestorben.

Als man merkte, wie dramatisch die Rückgänge bei den Walen waren, wurde die Internationale Walfangkommission gegründet. Sie kümmerte sich darum, dass bedrohte Wal-Arten unter Schutz gestellt wurden, zum Beispiel der Buckelwal, von dem es schätzungsweise nur noch 100 Tiere weltweit gab. 1985 wurde der Walfang dann weltweit verboten. Nur zu wissenschaftlichen Zwecken und für indigene Völker, also quasi „Naturvölker", war die Jagd noch erlaubt. Seitdem steigen die Zahlen wieder, aber unbedroht sind die Wale noch lange nicht.

Jetzt fragst Du Dich vielleicht, warum auch Delfine bedroht sind, denn die wurden ja nicht im großen Stil gefangen, um sie zu essen. Ihnen wird vor allem die Fischerei in den Weltmeeren zum Verhängnis. Vor allem das Fangen von

Mit solchen Harpunenkanonen wird bei der Waljagd auf die Meeressäuger geschossen

Heute sind Pottwale geschützt. Ob sie als Art überleben werden?

Auch Bartenwale wurden zu Zehntausenden erlegt

Viele Delfine ertrinken in Fischernetzen

Thunfisch ist problematisch, denn die Delfine verheddern sich in den riesigen Netzen der Fangboote. Da Delfine Säugetiere sind und Luft atmen müssen, ersticken sie in den Netzen, weil sie nicht mehr auftauchen können. So sterben jedes Jahr Tausende Delfine als sogenannter „Beifang“ der Fischindustrie. Außerdem macht die Verschmutzung der Ozeane manchen Delfinarten zu schaffen.

Rettung in letzter Minute

Die riesigen Finnwale sind die zweitgrößten Tiere auf der Erde. Sie wiegen bis zu 70 Tonnen, also etwa so viel wie drei bis vier Omnibusse. In den 1970er-Jahren gab es nicht einmal mehr 50 000 von ihnen, weil sie viele Jahre lang sehr stark gejagt wurden, um ihr Fleisch und ihr Fett zu verkaufen. Ein Bestand von 50 000 Tieren hört sich vielleicht nach einer großen Zahl an, aber die waren verteilt in allen Ozeanen der Welt!

Forscher gehen davon aus, dass es ursprünglich einmal fast 500 000 Finnwale auf der Welt gab. Der Mensch hatte also 90 Prozent dieser Art ausgerottet. Ein Walfangverbot sorgte dafür, dass die Finnwale sich wieder vermehren konnten. Heute gibt es etwa 100 000 Finnwale, also doppelt so viele wie vor fast 50 Jahren. Hoffen wir, dass sie sich weiter vermehren und damit gerettet sind.

Japan tötet wieder Wale

Über 30 Jahre wurden auf der Welt nahezu keine Wale mehr getötet, um ihr Fleisch zu essen oder ihr Fett und Öl zu verarbeiten. Das hat nun allerdings leider ein Ende. Gerade hat Japan angekündigt, in Zukunft wieder Wale zu jagen.

Artenschützer sind jedoch der Überzeugung, dass die Jagd auf Wale weiterhin verboten bleiben sollte. Sie versuchen, das Vorhaben Japans zu stoppen – ob sie das schaffen, wlrd die Zukunft zeigen.

Das asiatische Panzernashorn ist besonders stark bedroht

leben, müssen sie weichen. Entweder werden sie verjagt oder sogar erschossen. Es gibt einen Mensch-Elefanten-Konflikt in allen Ländern, in denen diese Tiere vorkommen. Und das ist kein Wunder, denn Elefanten können Menschen gefährlich werden und zerstören manchmal ganze Felder. Für die arme Bevölkerung in Afrika und Asien kann das lebensbedrohend sein – weswegen sie dann die Elefanten töten.

Bei Nashörnern ist es ganz ähnlich. Auch sie werden nicht wegen ihres Fleischs gejagt, und auch bei ihnen geht der Lebensraum immer weiter verloren. In den vergangenen Jahren ist die Situation für die Nashörner sogar noch etwas bedrohlicher geworden. Der Grund ist die Nachfrage nach ihren Hörnern. Denn die gelten in China und anderen asiatischen Staaten als Heilmittel für alle möglichen Krankheiten. Wie wir Dir schon berichtet haben, ist das ein Aberglaube, denn Nashorn-Horn besteht aus dem gleichen Stoff wie Deine Fingernägel.

Hörner des Nashorns werden auf dem Schwarzmarkt für viel Geld verkauft

Trotzdem wird unfassbar viel Geld für die Hörner bezahlt, sodass Wilderer anfingen, illegal Nashörner dafür zu töten. Heute ist ein Horn etwa eine Million Euro wert – es ist damit teurer als Gold.

Die Folgen für die Tiere sind dramatisch: Es gibt kaum noch frei lebende Nashörner in Afrika, die meisten leben in Schutzgebieten und müssen von Rangern beschützt werden. Die sind bewaffnet, denn die Wilderer sind immer besser ausgestattet.

Auf unserer Reise zu den Nashörnern in Kenia trafen wir so einen Ranger. Er berichtete uns davon, dass die Wilderer fast immer im Dunkeln kommen und Nachtsichtgeräte und leise Schusswaffen haben, damit man sie nicht hört. In großen Nationalparks kommen sie manchmal sogar mit Helikoptern, um illegal Nashörner zu erlegen.

„Sudan“, das Nashorn

Als wir mit unserer Sendung „Elstners Reisen“ Kenia besuchten, trafen wir in einer Auffangstation auf „Sudan“, das letzte männliche Nördliche Breitmaulnashorn. Das ist eine besondere Unterart der Nashörner, von der es zu diesem Zeitpunkt nur noch drei Tiere gab: zwei Weibchen und den alten „Sudan“, der etwa 45 Jahre alt war. In freier Natur werden Nashörner nicht so alt – und das sah man ihm an. Er war schon sehr schwach. Die Ranger, die ihn bewachten, sagten uns, dass er keinen Nachwuchs mehr zeugen könne. Und das bedeutete, dass diese Unterart aussterben würde.

Es ist wirklich schrecklich, wenn man vor so einer Art oder Unterart steht und weiß, dass sie bald für immer von der Erde verschwinden wird. Alle Bemühungen des Menschen haben nichts gebracht: Wir konnten nicht verhindern, dass „Sudans“ Unterart ausstirbt. Einige Wochen nach unseren Dreharbeiten starb Sudan. Du siehst: Es ist fürchterlich schwer, Tiere zu retten, wenn sie stark bedroht sind. Daher sollte man immer frühzeitig alles dafür tun, dass es nie so weit kommt.

Rechts:
Hier siehst Du Frank mit Sudan, dem letzten Männchen des Nördlichen Breitmaulnashorns. Inzwischen ist das Tier nicht mehr am Leben und die Unterart damit wohl zum Aussterben verurteilt.

In Zoos und Schutzstationen werden Nashörner vermehrt

Links: Die Bestände der putzigen Kurzschwanz-Kängurus oder Quokkas gingen vor allem durch eingeschleppte Füchse, Katzen und die Zerstörung ihrer Lebensräume stark zurück

Beuteltiere

Beuteltiere leben in Amerika und natürlich vor allem in Australien. Fast alle Beuteltiere sind heute stark gefährdet. Dafür gibt es mehrere Gründe. Erstens wie so oft der Verlust des Lebensraumes. Bei Koalas ist das besonders schlimm, denn die süßen Kerlchen bewohnen die Ostküste Australiens, und zwar genau dort, wo auch Menschen gerne Häuser bauen und wohnen möchten. Dadurch werden immer mehr Wälder, in denen Koalas lebten, gerodet. Sobald die ersten Menschen dort siedeln, wird es für die Koalas noch schwieriger, denn sie werden auf den neu gebauten Straßen überfahren, und die Hunde der Siedler jagen sie.

Auch wenn Koalas beliebt sind und keinen Schaden anrichten, können sie in der Regel in dicht besiedelten Gebieten nicht überleben – in manchen Regionen sind sie daher bereits verschwunden.

Aber nicht nur die großen Beuteltiere sind gefährdet. Seltene Tiere wie der Bilby aus den Trockengebieten Australiens leiden darunter, dass Ratten und Katzen in Australien eingeführt wurden und sie nun töten.
Besonders schlimm wird es, wenn dann auch noch eine Krankheit dazukommt. So wie beim Tasmanischen Teufel. Das Tier hat zwar einen etwas beängstigenden Namen, aber es kann dem Menschen nicht gefährlich werden, schon alleine, weil es nur etwa so groß wird wie ein Dackel.

In Australien sind Tasmanische Teufel bereits ausgestorben

Frank und Matthias schauen Tierärzten über die Schulter, die sich um einen Tasmanischen Teufel kümmern

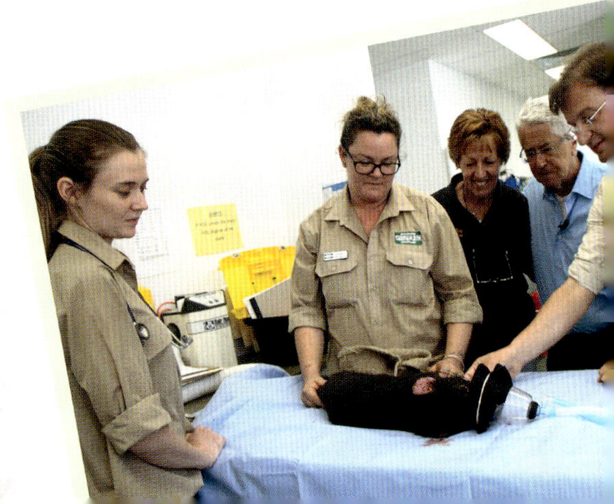

Christian hat sich sofort in das Koala-Baby verliebt ...

Man nennt es „Teufel“, weil es wirklich schauerlich heulen kann – wir haben das auf unserer Reise in Tasmanien erlebt, da wird einem tatsächlich ganz anders!

Die Tasmanischen Teufel sind stark bedroht. Es gab sie früher einmal in vielen Teilen Australiens, aber dort sind sie bereits komplett ausgestorben. Auf Tasmanien, einer Insel vor Australien, sind sie auch bedroht, denn sie werden häufig überfahren und finden nur noch selten Nahrung (sie fressen vor allem Aas, also tote Tiere).

Zusätzlich gibt es seit einigen Jahren eine ansteckende Krebs-Erkrankung, die immer mehr der „Teufelchen“ tötet. Beides zusammen führt dazu, dass diese Tierart kurz vor der Ausrottung steht. Forscher haben einige Tiere auf entlegene Inseln ohne Menschen gebracht, um für den Notfall wenigstens einige Exemplare übrig zu behalten, mit denen sich wieder ein großer Bestand züchten ließe.

Start im Beutel

Anders als die meisten Säugetiere, die Du kennst, leben die Babys der Beuteltiere zunächst einige Wochen oder Monate in einem Beutel oder auf der Mutter, bevor sie aussteigen und selbstständig werden. Am bekanntesten ist Dir das sicher von den Kängurus, aber auch beispielsweise Koalas und Opossums machen das so.

„Flossy“, die Koala-Dame

Bei unseren Dreharbeiten in Australien besuchten wir die Koala-Schützerin Anika Lehmann. Sie rettet mit ihrem Verein jedes Jahr Dutzende Koalas. In ihrem Wohnzimmer leben immer einige mutterlose Koala-Babys, denen sie die Flasche gibt.

Wir begleiteten sie auf einem Rettungseinsatz in einen kleinen Vorort. Dort fanden wir „Flossy“ hinter einer Garage. Die Koala-Dame saß verängstigt auf einem Bretterzaun, dahinter ein Hund und nirgendwo ein Eukalyptus-Baum, von deren Blättern sich Koalas ernähren. Vermutlich hat „Flossy“ hier Wasser gesucht, denn es herrschte eine Dürre.

„Flossy“ hatte eine Augenentzündung, die einige Wochen behandelt werden musste, danach konnten Anika und wir sie auswildern. Der Einsatz hat sich also gelohnt.

„Flossy“ auf dem Arm seiner Pflegerin

Ein Wissenschaftler nimmt einen Abstrich vom Fuß eines Goliathfroschs, um herauszufinden, ob er vom gefährlichen Chytridpilz befallen ist

Detektivarbeit

Lange war nicht klar, dass Pilzerkrankungen dafür hauptverantwortlich sind, dass so viele Amphibienarten aussterben. Biologen mussten das zuerst wie Detektive herausfinden.

Das Amphibiensterben

Salamander wie dieser Feuersalamander werden massenweise durch einen aggressiven Hautpilz getötet

Abtauchen hilft nicht: Der Chytridpilz hat weltweit schon viele Froscharten ausgelöscht

Amphibien sind heute die am stärksten gefährdete Tiergruppe auf der Erde, etwa 40 Prozent aller Arten sind weltweit bedroht. In den letzten Jahrzehnten sind mehrere Dutzend Frosch- und Krötenarten ausgestorben, auch manche Molche und Salamander sind in Gefahr. Amphibien haben es nicht einfach. Sie brauchen das Land zum Leben und meist auch das Wasser, um sich fortzupflanzen. Denn Amphibien legen ihre Eier in der Regel ins Wasser, wo die Kaulquappen oder Larven heranwachsen, um später als fertige Fröschchen oder Salamander an Land zu klettern.

Das bedeutet, dass Amphibien durch ganz viele Einflüsse des Menschen bedroht sind. An Land sorgen Gifte aus der Landwirtschaft dafür, dass es immer weniger Insekten gibt – die Hauptbeute der Amphibien. Diese Gifte führen in den Gewässern zudem dazu, dass manchmal der Nachwuchs abstirbt. Zudem kämpfen Amphibien vielerorts ums Überleben, weil immer mehr kleine Gewässer wie Tümpel oder Teiche von Menschen zugeschüttet werden.

All das ließ Amphibien seit vielen Jahren seltener werden. Doch dann kam noch etwas dazu, was zum Aussterben ganzer Arten führte und bis heute Frösche, Kröten, Molche und Salamander weltweit bedroht. Den Forschern war schnell klar, dass es irgendwas mit der Haut zu tun haben musste. Denn die Haut der Amphibien ist ein ganz besonderes Organ. Sie ist sehr feucht, und unter Wasser können Amphibien durch die Haut sogar atmen. Das bedeutet, dass eine geschädigte Haut schnell dazu führt, dass Amphibien sterben.

Nach einigen Jahren Forschung war der Übeltäter gefunden: ein Hautpilz. Dieser löst eine meistens tödlich verlaufende Hauterkrankung aus, bei der die Amphibien „auszutrocknen" scheinen. Der Pilz stammt laut aktueller Forschung ursprünglich aus Korea.

Forscher in aller Welt arbeiten an Lösungen, um den Hautpilz zurückzudrängen, ehe noch weitere Tierarten aussterben. Eines haben sie schon herausgefunden: Der Pilz alleine ist gefährlich, zu einer Bedrohung für ganze Arten wird er aber vermutlich erst, wenn andere Faktoren hinzukommen, die die Amphibien schwächen. Dazu könnten Gifte, verändertes Klima oder Infektionen zählen.

Besonders in tropischen Ländern leiden Amphibien unter dem Chytridpilz

Hai-Arten sind bedroht, weil sie viel zu stark bejagt werden

Haie

Über 30 Prozent aller Hai-Arten sind heute bedroht – und das, obwohl diese Tiergruppe bis heute 350 Millionen Jahre überdauerte! Haie haben einen wichtigen Platz in allen Meeren. Sie zählen hier zu den größten räuberisch lebenden Tieren und sind somit so etwas wie die Gesundheitspolizei des Meeres. Kranke Tiere sind nicht schnell genug und werden schnell von Haien erbeutet. So können sich Krankheiten unter Fischen weniger schnell ausbreiten.

Leider hat dieses Verhalten auch Nachteile für die Haie. Denn sie fressen natürlich auch Fische, die zum Beispiel vergiftet wurden, und können dann selbst daran sterben.

Haischützer erklärten uns auf unserer Reise auf die Bahamas, dass Haie auch deswegen für das Meer so wichtig sind, weil sie alles im Gleichgewicht halten. Wir haben Dir weiter vorne im Buch ja schon einmal von dem Nahrungsnetz in der Natur berichtet. Alle Tiere sind miteinander auf die eine oder andere Weise verbunden. Manche Biologen nennen es auch Nahrungspyramide. Die kleinen Arten stehen dabei ganz unten, dafür sind es sehr viele. Und ganz oben steht dann eben der größte Fleischfresser – also im Meer in der Regel ein Hai. Wenn er wegfällt als Räuber, der auch Raubfische fängt, vermehren diese sich ganz schnell und fressen viel mehr Fische aus den unteren Etagen der Nahrungspyramide. Alles gerät aus den Fugen, ein ganzes Ökosystem kann zerstört werden.

Auch die skurrilen Hammerhaie haben unter der Verfolgung des Menschen zu leiden

Aber warum sind so große und teilweise gefährliche Tiere überhaupt gefährdet? Das hat mal wieder viele Ursachen. Dazu gehört auch, dass es immer weniger Plätze gibt, an denen die Babys der Haie aufwachsen können. Bei

Fallen Haie als große Fleischfresser weg, gerät das Gleichgewicht im Meer aus den Fugen

Schillerlocken

Übrigens: Während die Haiflossen-Industrie es auf große Haie wie zum Beispiel den imposanten Hammerhai abgesehen hat, werden von anderen Fischern auch kleine Hai-Arten gefangen. Manche wie die Katzenhaie landen in der asiatischen Fischsuppe, andere wie die Dornhaie werden auch bei uns gegessen – damit keiner merkt, dass es sich um Hai-Fleisch handelt, nennen viele Restaurants das Gericht aus Dornhaien „Schillerlocken".

den meisten Arten geschieht dies nämlich in sogenannten Mangroven – das sind quasi Wälder, die an der Küste bis ins Meer hinein wachsen. Zwischen den Wurzeln sind die kleinen Haie sicher und können heranwachsen. Da solche Mangroven, die auch ein Zuhause für viele andere Tiere bilden, immer öfter für Hotels oder andere Bauten am Meer zerstört werden, fehlt den Haien in manchen Regionen die Kinderstube.

Aber es gibt einen Hauptgrund für den Rückgang der Haie, und das ist die Fischerei. Etwa 100 Millionen Haie werden jedes Jahr getötet – das ist eine gigantische Zahl! Da verwundert es nicht, dass diese großen Meeresräuber immer seltener werden.

Die meisten dieser von Fischern gefangenen Haie werden nur wegen ihrer Flossen getötet. Denn in China ist Haiflossen-Suppe ein Gericht, das man besonders gerne zu Hochzeiten isst. Immer mehr Chinesen wollen sie essen, Fischer in aller Welt töten dafür Haie, um ihnen die Flossen abzuschneiden. In vielen Fällen werden die restlichen Haie noch nicht einmal gegessen, sondern wieder zurück ins Meer geworfen, da nur die Flossen teuer sind. Das ist ein Riesengeschäft, das die Haie zu Gejagten werden lässt, die kaum noch eine Chance haben, zu überleben.

Hier siehst Du gefangene Haie auf einem Fischerboot

Haie als Touristen-Magnet

Wir haben für unsere Sendung die Bahamas besucht, einen Inselstaat vor dem Südosten der USA. Die Bahamas gehören zu den ersten Ländern, die kategorisch verboten haben, in ihren Gewässern Haie zu fangen.

Die Menschen der Bahamas haben einen neuen Weg gefunden, mit den großen Meeresräubern Geld zu verdienen, ohne sie zu töten. Sie bieten Tauchern die Möglichkeit, mit Haien zu schnorcheln oder zu tauchen. Was sich erst mal seltsam und gefährlich anhört, machen inzwischen viele Tausend Menschen jedes Jahr. Auch wir standen bei Ammenhaien im Wasser und sind mit Riffhaien und Hammerhaien getaucht, es ist wirklich ein ganz besonderes Erlebnis!

Die ganz Kleinen ...

Oft richten wir den Blick nur auf die großen Tiere. Doch es gibt auch viele ganz Kleine, die bedroht sind. Rund eine Million der Wissenschaft bekannte Insektenarten gibt es alleine auf der Welt, aber ein Viertel davon steht auf der Roten Liste.

In den letzten Jahren gab es in großen Teilen der Welt ein Insektensterben, das bedrohliche Ausmaße angenommen hat. Biologen schätzen, dass die Zahl der Insekten seit 1980 um etwa 70 bis 80 Prozent zurückgegangen ist. Vielleicht sagst Du jetzt: „Ist doch toll, wenn es weniger Mücken oder Fliegen gibt!" Doch selbst solche lästigen Insekten sind die Nahrungsgrundlage für viele Vögel, Fische, Amphibien und Reptilien. Sterben die Insekten, sterben auch viele andere Tiere.

Zudem beschränkt sich das Verschwinden der Insekten ja nicht auf Arten, die wir als „lästig" bezeichnen würden. Auch beispielsweise Schmetterlinge und Wildbienen sind bedroht. Sie sind nicht nur Nahrung für andere Tiere, sondern sorgen teilweise auch dafür, dass Pflanzen bestäubt werden. Sie fliegen von Blüte zu Blüte, um Nektar zu bekommen, und tragen dabei den Blütenstaub weiter. Dieser befruchtet die Blüten, sodass Früchte entstehen können. Fehlen diese Insekten also, können zum Beispiel Bäume keine Äpfel oder Kirschen produzieren.

Aber warum verschwinden unsere Insekten? Hauptgründe sind einmal mehr der Verlust ihrer Lebensräume und der Einsatz von stetig mehr Giften in der Landwirtschaft. Diese Gifte wirken immer auf alle Insekten und nicht nur auf jene Arten, die der Landwirt gerne töten würde, weil sie seine Ernte auffressen. Eigentlich will er also beispielsweise Blattläuse bekämpfen, tötet damit aber auch Schmetterlinge, Marienkäfer oder Libellen.

Die Insekten finden also immer weniger Plätze, wo sie leben und sich vermehren können. Und das führt dann zu einer Kettenreaktion, die auch andere Tiere gefährdet, die jetzt keine Nahrung mehr finden.

Bienensterben

Auch Honigbienen sind von dem Einsatz von Giften in der Landwirtschaft betroffen. Zusätzlich verbreitete sich auch noch ein tödlicher Pilz. Viele Bienenvölker starben daher in den vergangenen Jahren. Imker sprechen vom „Bienensterben". Allerdings sind Honigbienen keine wildlebenden Tiere, wie die anderen hier im Buch vorgestellten Arten, sondern Nutztiere.

Immer mehr Gift wird in der Landwirtschaft, aber auch von privaten Gartenbesitzern eingesetzt. Für Insekten ist das eine Katastrophe!

Geld, das Touristen dafür bezahlen, um beispielsweise Elefanten beobachten zu können, fließt in die Schutzbemühungen

In Naturschutzgebieten kann sich die Natur weitgehend ungestört entwickeln

Naturschutzgebiete

Wenn Tiere stark bedroht sind, können sie meistens nur noch durch große Schutzmaßnahmen gerettet werden. Ein erster Schritt ist dabei oft die Einrichtung von Naturschutzgebieten. Das ist allerdings gar nicht so einfach, denn manchmal leben dort, wo das Schutzgebiet entstehen soll, bereits Menschen. Allerdings passiert es nur sehr selten, dass diese Menschen ihr Zuhause verlieren und umziehen müssen. Viel häufiger entstehen dann Naturschutzgebiete, in denen es auch Bereiche gibt, in denen Menschen wohnen, und die zum Beispiel durch Zäune abgetrennt sind.

Nicht selten entstehen Konflikte zwischen den Naturschützern oder Rangern, die das Naturschutzgebiet bewachen, und den Menschen, die rundherum leben. Insbesondere wenn die Menschen am Rande des Schutzgebiets sehr arm sind, wie das in vielen Ländern Afrikas oder Asiens der Fall ist, kommt es oft vor, dass sie irgendwann anfangen, in das Schutzgebiet einzubrechen und zu wildern.

Öko-Tourismus

Öko-Tourismus gibt es inzwischen weltweit: Safaris zu Löwen und Elefanten in Afrika, Bootsfahrten zu Delfinen oder Walen, Tauchen mit Haien, ein Spaziergang am Rand einer Pinguinkolonie – oder durch einen unserer heimischen Nationalparks.

In manchen Zoos darf man Tieren hautnah begegnen. Zoos sind enorm wichtig für den Artenschutz. Sie vermehren nicht nur bedrohte Tiere, sondern unterstützen auch Artenschutzprojekte in den Herkunftsländern.

Heute weiß man, dass es unmöglich ist, ein funktionierendes Naturschutzgebiet zu gründen, wenn man die Bevölkerung nicht mit einbezieht, die rundherum lebt. Das bedeutet, dass die Regierung und die Naturschützer versuchen, beispielsweise Arbeitsstellen für die Bevölkerung im Naturschutzgebiet zu schaffen, damit die Leute verstehen, dass die geschützten Tiere einen „Wert“ für sie haben.

Ein wichtiger Aspekt ist dabei auch der Öko-Tourismus. Wir haben auf unseren Reisen durch fünf Kontinente immer wieder festgestellt, dass Naturschutzgebiete stets dann erfolgreich sind, wenn der Tourismus ein Teil davon ist. Das bedeutet, dass es Reisenden erlaubt wird, beispielsweise mit Geländewagen in das Schutzgebiet zu fahren und sich von Einheimischen erklären und zeigen zu lassen, welche Tiere dort leben.

Dafür zahlen die Touristen, und dieses Geld wird benutzt, um das Schutzgebiet zu erhalten und die Einheimischen zu bezahlen. So haben alle etwas davon: Die Touristen sehen Tiere in der Natur, an die sie sonst nie so nah herankämen; die Einheimischen haben eine Einnahmequelle und müssen keine illegale Jagd mehr betreiben; und die Betreiber des Schutzgebiets haben genügend Geld, um Zäune zu reparieren und Ranger zu bezahlen, die die Tiere schützen.

Es ist wichtig, dass Du in Naturschutzgebieten auf den Wegen bleibst und keine Tiere behelligst

Erhaltungszucht

Eine letzte Möglichkeit, vom Aussterben bedrohte Tiere zu retten, ist die Erhaltungszucht. Dabei fangen Forscher die letzten lebenden Tiere einer Art ein, bringen sie in einer oder mehreren Zuchtstationen zusammen und versuchen dort, genügend Nachwuchs zu züchten, um die Tiere irgendwann wieder freizulassen.

Das ist natürlich immer nur eine absolute Notlösung, denn eigentlich ist ja das Ziel der Artenschützer, die Tiere in der Natur zu erhalten. Aber manchmal geht es nicht anders. Solche Zuchtprojekte gibt es zum Beispiel für Nashörner oder die beliebten Großen Pandas.

Schneeleoparden werden in Erhaltungszuchtprojekten von Zoos vermehrt

Die bekannteste Erhaltungszucht ist vermutlich die des blauen Spix-Aras. Die Geschichte dieses Papageien kennst Du vielleicht, weil der Animationsfilm „Rio" darauf basiert.

Der Spix-Ara starb im Jahr 2000 in freier Natur aus. Gründe dafür waren die Zerstörung seines Lebensraums, illegaler Handel und Killerbienen, die in der Heimat der Aras ausgesetzt wurden und die seltenen Papageien töteten.

Als die Spix-Aras in der Natur ausstarben, gab es nur noch in einigen Zoos und bei Privatleuten welche. Zu diesem Zeitpunkt waren es nur noch 42! Unser Freund Matthias Reinschmidt war einer der Ersten, die es schafften, diese seltenen Papageien zu züchten. Er war damals Zoodirektor in Teneriffa und hat den ersten kleinen Spix-Ara in seinem Büro aufgezogen. Der hieß „Arabella". Alle paar Stunden musste er ihn füttern. Das war eine schwierige Arbeit!

Die eleganten Oryxantilopen wären ohne Erhaltungszucht schon ausgestorben

Durch die gezielte Nachzucht gibt es heute wieder über 150 Spix-Aras. Bald sollen die ersten zurück in die Natur gebracht werden. Hoffen wir, dass es klappt und diese wunderschönen Papageien doch noch gerettet werden!

Wie Du siehst, spielen auch Zoos und private Tierhalter eine wichtige Rolle bei der Rettung bedrohter Tiere. Bei vielen Arten haben die Zoos beschlossen, sogenannte Erhaltungszucht-Programme zu starten. Das bedeutet, dass alle Zoos zusammenarbeiten, in denen eine bestimmte bedrohte Tierart gehalten wird. Sie tauschen die Tiere untereinander aus und versuchen, möglichst viel Nachwuchs zu züchten, um die Art irgendwann wieder zurück in die Natur zu setzen, wenn sich die Bedingungen dort im Lebens-

raum verbessert haben. Oft beteiligen sich auch private Züchter an solchen Programmen, beispielsweise bei bedrohten Amphibien.

Aktuell gibt es solche Zuchtprogramme für über 400 bedrohte Tierarten. Manche dieser Projekte sind sehr erfolgreich, wie das für die Goldenen Löwenäffchen. Diese niedlichen Affen aus Südamerika sind stark bedroht, es gab nur noch wenige Hundert in der Natur. Zoos in aller Welt züchteten daher Jungtiere und brachten sie nach Brasilien. Heute leben wieder etwa 1 000 dieser Äffchen in der Natur und weitere 500 in Zoos.

Eines der ersten Zuchtprogramme war das für die beeindruckende Oryx-Antilope. Sie war bereits 1972 in der Natur ausgestorben, weil sie stark gejagt wurde. Durch die Nachzucht gibt es heute wieder 1 000 Oryx in der Natur und über 5 000 in Zoos auf der ganzen Welt.

Nur durch Erhaltungszucht hat der Spix-Ara eine Chance, als Art zu überleben!

„Lars“, der Geier

Wir haben auf unseren Reisen einmal ein Auswilderungsprojekt miterlebt. Wir begleiteten einen Biologen aus dem Zoo Münster, der Gänsegeier züchtet. Seinen Geier namens „Lars“ haben wir nach Bulgarien gebracht. Dort werden Geier aus vielen Zoos in ganz Europa auf ein Leben in Freiheit vorbereitet und dann in den Bergen ausgewildert. Ein toller Moment, wenn die Geier wieder frei fliegen können!

Du fragst Dich vielleicht, warum die Gänsegeier in der Natur überhaupt ausgestorben waren. Das lag an zwei Gründen. Einmal gab es immer weniger Nahrung für die Geier. Die fressen nämlich tote Tiere, die auf Wiesen oder Feldern liegen, zum Beispiel Schweine, Schafe oder Ziegen. Da die Bauern diese aber immer schnell wegräumen, fanden die Geier immer weniger zu fressen.

Manche Bauern haben Geier auch vergiftet. Zusätzlich wurde den großen Vögeln ein Medikament zum Verhängnis, das viele kranke Schafe und Ziegen bekamen und für Geier giftig ist. Wenn die Geier also ein gestorbenes Schaf fraßen, das vorher diese Medizin bekommen hatte, starben sie daran.

„Lars“, ein Gänsegeier aus einem Erhaltungszuchtprojekt

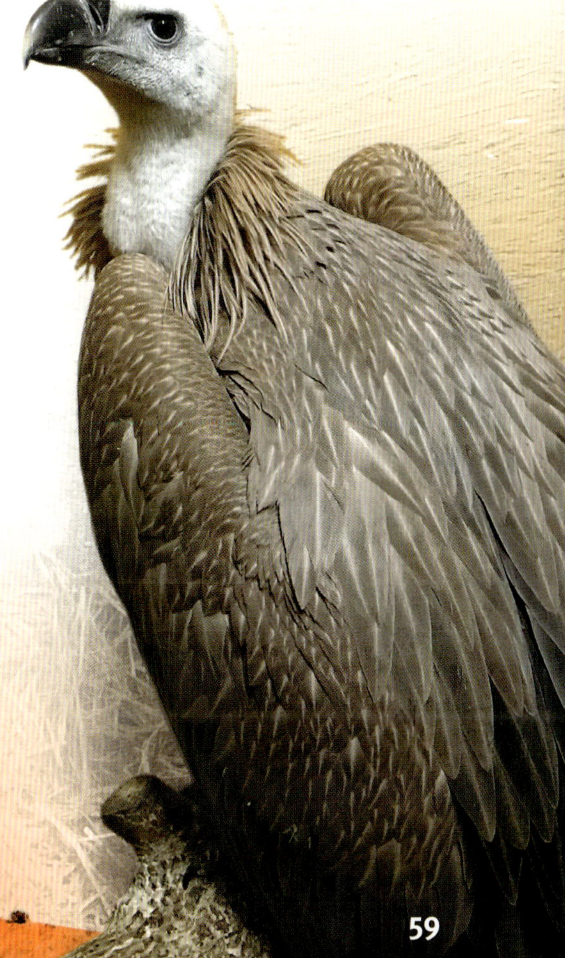

Wenn wir Lebensräume schützen, schützen wir dadurch Tiere und Pflanzen am effektivsten!

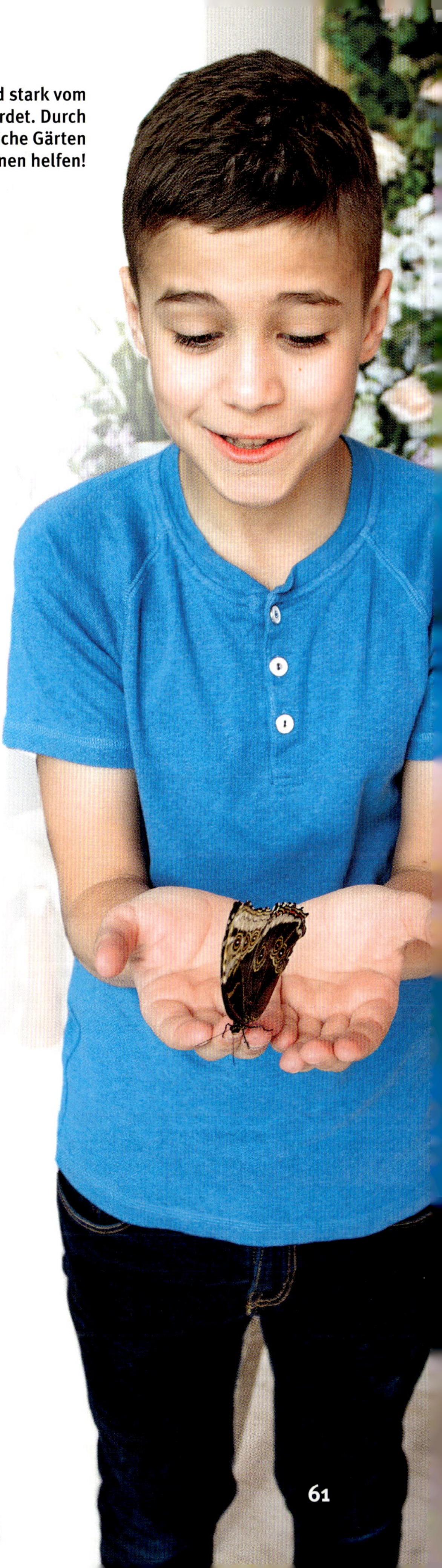

Insekten sind stark vom Aussterben gefährdet. Durch insektenfreundliche Gärten kannst Du ihnen helfen!

Einsatz für die Natur

Mit jeder ausgestorbenen Tierart verschwindet etwas ganz Besonderes für immer von unserem Planeten. Das haben wir Menschen erst sehr spät verstanden. Heute wissen wir, dass auch das Überleben von uns selbst davon abhängt, dass die Natur zumindest in großen Teilen intakt ist. Wir brauchen Insekten, die Pflanzen bestäuben, artenreiche Wälder, die Sauerstoff produzieren, und saubere Flüsse und Meere, um Wasser und Nahrung zu haben. All das vergisst man im Alltag manchmal ganz schnell.

Es ist aber wichtig, dass wir unsere natürlichen Ressourcen schützen, also die Natur und die Tiere. Denn ohne sie können wir auf Dauer nicht überleben.

Es gibt gute Ansätze, um dieses Ziel zu erreichen. Alle Länder haben inzwischen Naturschutzgebiete, Forscher suchen nach immer besseren Energiequellen fürs Autofahren und Stromerzeugen, die die Natur nicht belasten. Immer mehr Menschen denken über das Vermeiden von Müll nach. Doch all diese Bemühungen sind noch zu wenig, das muss man einfach so deutlich sagen.

Um die vielen bedrohten Tiere zu retten, müssen wir uns noch mehr anstrengen. Und jeder kann ein kleines bisschen dazu beitragen – natürlich auch Du!

Nur was wir kennen, können und möchten wir auch schützen

Großes Quiz zu bedrohten Tieren

Jetzt hast Du sehr viel gelernt über die bedrohten Tiere auf unserer Erde. Hast Du Lust, Dein Wissen bei diesem Quiz zu testen? Kreuze einfach mit einem Bleistift die Antwort an, die Du für richtig hältst. Manchmal können auch mehrere Antworten richtig sein. Wenn Du einmal umblätterst, findest Du alle Lösungen. Viel Spaß!

1. Was können unter anderem Auslöser für das Aussterben von Tieren sein?

a) Lebensraumverlust ❍
b) Jagd ❍
c) eingeschleppte Arten ❍

2. Wie viele Tier- und Pflanzenarten stehen aktuell (2020) auf der Roten Liste der bedrohten Tiere?

a) 5 000 ❍
b) 27 000 ❍
c) 33 000 ❍

3. Was ist die am stärksten vom Aussterben bedrohte Tiergruppe?

a) Amphibien ❍
b) Reptilien ❍
c) Vögel ❍

4. Welches dieser Tiere gehört in die Kategorie „stark bedroht“ auf der Roten Liste?

a) Walhai ❍
b) Eisbär ❍
c) Breitmaul-Nashorn ❍

5. Wie viele Tierarten sterben jedes Jahr nach Schätzungen von Experten aus?

a) 100 ❍
b) 1 000 ❍
c) 10 000 ❍

6. Welches dieser Tiere ist bereits ausgestorben?

a) Indischer Löwe ❍
b) Beutelwolf ❍
c) Großer Panda ❍

7. Was bedroht die Tiere der artenreichen Regenwälder der Erde?

a) Rodungen ❍
b) Goldminen ❍
c) Jagd nach „Bushmeat“ ❍

8. Warum kann eine einfache Plastiktüte für Meeresschildkröten zur Gefahr werden?

a) Schildkröten verwechseln sie mit Quallen ❍
b) Plastiktüten verhindern das Schlüpfen der Jungtiere ❍
c) Schildkröten verheddern sich in den Tüten ❍

9. Was ist sehr wichtig, wenn ein Naturschutzgebiet eingerichtet wird?

a) Dass dort möglichst wenige Arten leben ❍
b) Dass es rundherum eingezäunt ist ❍
c) Dass die Bevölkerung mit einbezogen wird ❍

10. Welche Folgen kann der Klimawandel für Tiere haben?

a) Es kommen mehr Touristen .... ❍
b) Der Lebensraum trocknet aus ...... ❍
c) Müll kann weniger schnell abgebaut werden .... ❍

11. Wie konnte die Aga-Kröte zu einer Bedrohung für die Tierwelt Australiens werden?

a) Sie vergiftet mit ihrem Schleim die Flüsse. .... ❍
b) Sie frisst die Eier anderer Frösche .... ❍
c) Sie wurde zur Schädlingsbekämpfung ausgesetzt und frisst nun die heimischen Tiere. .... ❍

12. Welches dieser Tiere gehört in die Kategorie „vom Aussterben bedroht" auf der Roten Liste?

a) Eisbär .... ❍
b) Orang-Utan .... ❍
c) Tiger .... ❍

13. Warum starb der Dodo auf Mauritius aus?

a) Weil Ratten auf der Insel eingeschleppt wurden .... ❍
b) Weil der Lebensraum vernichtet wurde .... ❍
c) Weil die Wasserstellen vergiftet wurden .... ❍

14. Warum sind Delfine gefährdet?

a) Weil sie wie Wale stark bejagt werden .... ❍
b) Weil sie oft in Schleppnetzen von Fischern sterben .... ❍
c) Weil man ihre Flossen zu Suppe verarbeitet .... ❍

15. Wie viel ist das Horn eines Nashorns auf dem illegalen Markt wert?

a) Etwa 100 000 Euro .... ❍
b) Etwa 500 000 Euro .... ❍
c) Etwa eine Million Euro .... ❍

16. Warum sind Elefanten mit langen Stoßzähnen in Sri Lanka so selten geworden?

a) Jäger hatten es auf das wertvolle Elfenbein abgesehen .... ❍
b) Elefanten mit langen Stoßzähnen machen den Menschen mehr Angst .... ❍
c) Elefanten dieser Unterart haben keine Stoßzähne .... ❍

17. Was bedroht die Koalas?

a) Hunde .... ❍
b) Verlust von Lebensraum .... ❍
c) Straßenverkehr .... ❍

18. Warum werden so viele Nashörner illegal getötet?

a) Weil sie so viele Felder zerstören ❍
b) Weil sie als „Bushmeat" verkauft und gegessen werden .... ❍
c) Weil ihr Horn in Asien als Medikament angesehen wird .... ❍

19. Was löst das weltweite Amphibiensterben aus?

a) Ein Hautpilz .... ❍
b) Gifte im Wasser .... ❍
c) Der Klimawandel .... ❍

20. Warum dürfen auch Insekten nicht aussterben?

a) Weil Orang-Utans ohne sie nicht leben können .... ❍
b) Weil sie die Nahrung für viele andere Tiere darstellen .... ❍
c) Weil Insekten die Flüsse reinigen ❍

Entdecke die Reihe mit der Eule!

Entdecke die Eulen

Entdecke die Greifvögel

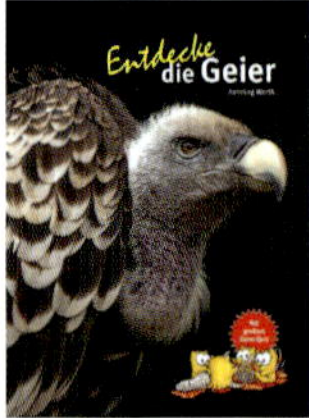

Entdecke die Geier

Entdecke die Rabenvögel

Entdecke die Spechte

Entdecke die Finken

Entdecke die Spatzen

Entdecke die Eisvögel

Entdecke die Zugvögel

Entdecke die Singvögel

Entdecke die Meisen

Entdecke die Kraniche

Entdecke die Störche

Entdecke Schwäne, Gänse & Enten

Entdecke die Möwen

Entdecke die Pinguine

Entdecke die Papageien

Entdecke die Kolibris

Entdecke die Fledermäuse

Entdecke die Hunde

Entdecke die Kühe

Entdecke die Pferde

Entdecke die Esel

Entdecke die Nagetiere

Entdecke die Igel

Entdecke die Waschbären

Entdecke die Biber

Entdecke die Otter

Entdecke heimische Wildtiere

Entdecke die Wölfe

Entdecke die Bären

Entdecke die Tiger

Entdecke die Menschenaffen

Entdecke Affen und Lemuren

Entdecke die Pandas

Entdecke die Elefanten

Entdecke die Nashörner

Entdecke die Erdmännchen

Entdecke die Beuteltiere

Natur und Tier - Verlag GmbH
An der Kleimannbrücke 39/41 · 48157 Münster
Telefon: 0251 - 13339-0 · Fax: 0251 - 13339-33
E-Mail: verlag@ms-verlag.de · www.ms-verlag.de